本书是国家社会科学基金西部项目"新型城镇化的文化支撑研究"(批准号：14XSH010）的结项成果。

国家社科基金丛书

GUOJIA SHEKE JIJIN CONGSHU

新型城镇化的文化支撑研究

A Study of the Cultural Support for Neo-urbanization

陈晓莉　著

人民出版社

目　　录

前　言

改革开放以后,我国城镇化建设速度不断加快,适时调整策略以适应不断发展的建设需要不仅重要而且必要。2002 年党的十六大提出"走中国特色的城镇化道路",2012 年党的十八大强调"坚持走中国特色新型工业化、信息化、城镇化、农业现代化道路",2014 年正式颁布《国家新型城镇化规划(2014—2020 年)》,"新型城镇化"由此成为国家战略,被提上重要议事日程。

中华人民共和国成立以来的几十年,我国城镇化建设成就有目共睹,却也存在一些问题,其中较为明显的问题是文化建设跟进不足。很多年来,我们衡量城镇化水平通常都是看其城镇人口占比、市镇设施、基本保障等"硬件"数据,对文化的保护、传承、弘扬、发展重视不够,文化以"文"化"人"的作用发挥不够。笔者做"新型城镇化的文化支撑研究",旨在探讨文化于新型城镇化的意义、当下存在的问题及有效对策,想阐明的观点主要有四:

其一,文化是城镇的灵魂。古人说"山不在高,有仙则名;水不在深,有龙则灵",同样道理,城镇不在大,有文化才有活力、才有魅力。一个国家、一个民族不能没有灵魂,城镇何尝不是如此。城镇如人,纵然需要公路、楼宇及各种设施的"筋骨"支撑,需要经济、政治的"血肉"依附,也需要精气神,需要灵魂。没有文化,城镇不过是一个空壳,因此"新型城镇化"不能仅仅是"外貌"工程,止步于有"颜值"、有特色,也不能仅仅是"健身"工程,只注重功能全、

"体格"壮,还应该是一个"铸魂"工程,使城镇有内涵、有温度。只有这样,城镇才能更具特色、更有品位,才能更有生机、更富活力,不仅"宜业"而且"宜居"。

其二,文化于"新型城镇化"极端重要。一方面,文化是"新型城镇化"的重要组成部分——新型城镇化是一个系统工程,必须经济、政治、文化、社会、生态"五位一体"全面联动,"文化"居于其中;另一方面,文化又高于城镇化——可以提振建设者的精气神、可以凝聚建设者的力量,在更高层面指引和推动新型城镇化。所谓"大音希声,大象无形",文化的作用和影响深沉而久远,正如联合国 1986 年通过的"世界文化发展十年"活动指出的那样:"没有一项名副其实的发展项目能无视自然和文化环境的基本特点及有关人群的需要、追求和价值。"城镇向何处去、发展向何处去——决定因素是文化! 要使城镇化由粗放型转变为集约型,由物质型转变为人本型,由尚"量"型转变为崇"质"型,由单纯增长型转变为复合和谐型,必须借助文化的力量、借助文化的"无用之用"。

其三,"新型城镇化"要"化"物更要"化"人。"城镇化"不是土地城镇化、风物城镇化,不能地理性地"摊城镇大饼""造工业园区";"城镇化"也不是住地城镇化、产业城镇化,不等于简单的"农民进城""农民进厂"……城镇化的核心、关键、本质是人的城镇化——不是简单的居住地城镇化、户籍城镇化,也不止于生产方式、生活方式城镇化甚至社会服务、社会保障城镇化,还必须实现包括进城农民,也包括城镇原住居民在内的全体市民在人生观、价值观等方面向现代、向科学、向文明、向"新型""蝶变",即精神城镇化,实现城镇"外延+内涵"的整体改变和革新。文化——只有文化才能推动城镇科学发展,才能推动社会全面进步,才能促进新老市民提"质"强"能",才能提高城镇的品位,这样的城镇化才可以谓之"新型"。

其四,新型城镇化需要文化自信,也需要文化自觉。中华民族历史悠久,中华文化从未断流,新型城镇化建设中必须以充分的自信传承弘扬中华优秀文化遗产,留住我们的"根"和"魂";与此同时,也必须以高度的自觉与时偕行,科学地创新创造,培育发展先进文化。总之,要充分重视文化的功用,充分释放文化的能量,以"文"化"人",以"文"化"物",推动城镇化更健康、更理性、更可持续地发展,实现"新型城镇化"让人民生活更美好。

中国城镇化是人类历史上最大规模的城镇化,是一项前无古人的事业,任重道远,需要不断完善相关理论,需要不断揭示发展规律,需要不断总结经验教训,需要不断走向健康科学,为此需要人们高度关注,需要人们不懈探索,而这正是本书研究的初衷——抛砖引玉,为新型城镇化"化"得更稳、"化"得更好尽绵薄之力。

第一章 探索前行：我国城镇化的
发展历程

  诺贝尔奖获得者约瑟夫·斯蒂格利茨(Joseph Stiglitz)2000年曾经预言:21世纪对世界影响最大的事情莫过于两件:一是美国的新技术革命,二是中国的城镇化。事实正在印证他的说法:根据国家统计局统计公报,我国城镇化率1978年为17.92%,到2018年为59.58%——40年时间提高了41.66%,超过世界历史上任何一个大国城镇化速度,几乎是在不经意间,农田变成工厂,农民住进新村,青壮年走进城市……城镇化气象有目共睹。麦肯锡全球研究院2011世界城市经济发展研究报告指出,到2015年,过去世界排名最前的600个城市中将有136个发达国家的城市名次下滑,取而代之的将是中国的100个城市;2017年《南方都市报》报道"全球城市经济竞争力排名中国21城市进入百强"①,从侧面印证了这个观点。成就卓著,挑战也很严峻,2012年9月7日,李克强在中央组织部、国家行政学院和国家发展改革委联合举办的省部级领导干部推进城镇化建设研讨班学员座谈会上的讲话中指出:"最近,联合国关于世界城市化展望的最新研究报告预计,中国城镇化从现在到2030年

---

  ① 裘萍、夏嘉雯、金淘:《全球城市竞争力广东两城进入前20名》,《南方都市报》2017年10月31日。

还会保持一个较快的速度,届时城镇化率将提高到 65%—70% 左右。"①由此可见,我国城镇化建设任重道远。在城镇化快速发展之际,如何理解和推进"城镇化"将对我国城镇化建设的性质、方向、道路产生深刻影响,直接关系到我国城镇化建设的成败和效果。

一、我国城镇化解读

在我国,"城镇化"概念是借用国际上通用的"城市化"概念并与我国实际相结合的结果。

城市化自英文"Urbanization"而来,直译即"城市化""都市化",它是人类社会经历城乡分野、城乡对立后走向城乡融合的自然历史过程。由于世界上许多国家人口规模比较小,一般没有镇的建制,"Urbanization"即乡村向城市转变的过程。实现城市化大抵有两个要求:一是"量",一是"质"。从"量"上讲,"城市化"意味着农村地域转变为城市地域(城市地域不断扩大,城市数量不断增多),农村人口转化为城市人口(城市人口规模扩大,城市人口密度增加);从"质"上论,"城市化"意味着城市的先进元素不断向农村辐射、扩散,如公共产品、公共服务、人们的生产方式、生活方式、思维方式、价值观念、素质能力等城乡逐渐趋同。具体而言,对"城市化"的理解应该包含五个方面内容:其一,城市不断壮大;其二,农村人口向城市人口转化;其三,人们的生产活动由农业转向非农业;其四,人们生活方式乃至思想观念由乡向城转变;其五,包括农村和城市的整个社会不断走向进步走向现代化。

"城镇化"突出和强调中国特色。由于"城市化"容易被人们理解为将农村"化"为城市,将农村人口"化"为城市人口,即将农村变为城市或以现有城

---

① 李克强:《协调推进城镇化是实现现代化的重大战略选择》,《行政管理改革》2012 年第 11 期。

市吸纳农村人口,这对于农村幅员广阔、农村人口众多的中国(费孝通先生称之为"乡土中国")而言不太现实,而且客观上,我国有行政"镇"的建制,即城市(city)之外还有为数不少的"镇"(town,即"小城镇"),其人口规模与国外的小城市相当。它们是联结城市和农村的桥梁,是当地政治、经济、文化中心,农业人口向这些地方转移更具可行性。因此,在我国,"城镇化"通常被定义为:遵循城镇发展规律,伴随工业化过程而出现的社会、经济结构的转换,人口、非农产业、资本、市场由分散的农村向城镇集中,从而使得城镇数量增加、城镇规模扩大的过程。在这个过程中,城镇的物质文明和精神文明不断地向周围扩散,不断促进城镇与农村良性互动、和谐共赢,携手迈向现代文明。

"城市化"和"城镇化"是两个既有联系又有区别的概念。二者的共同点在于:都要做大"城"做强"城",人口都要由分散的"村"集中到"城",生产方式、生活方式、价值观念都要由农业型转化为非农型,都是多层面、宽领域、纵深化的综合转换过程。但既然提法不同,说明二者有明显区别:2007年第十届全国人民代表大会常务委员会第三十次会议通过的《中华人民共和国城乡规划法》第二条第二款指出:"本法所称城乡规划,包括城镇体系规划、城市规划、镇规划、乡规划和村庄规划。"可见"城市"并未包括"镇",而建制镇在我国是客观存在的。"城市化"主要表现为"城化",即农村人口向大、中、小城市转移集聚,主要由现有城市吸纳农村人口,现有城市被迫越做越大;"城镇化"则是"城化"+"镇化",即"城镇化=城市化+乡镇化",主张农村人口向城市和周围的小城镇转移集聚,构建"以城市群为主体形态""大中小城市和小城镇协调发展"[1]的城镇格局。

二、我国城镇化历程

1949年以来,我国城镇化发展经历了四次探索,城镇化进程大致分为四

---

[1] 《国家新型城镇化规划(2014—2020年)》,人民出版社2014年版,第15页。

个阶段。

（一）起伏波动阶段（1949—1977 年）

这是城镇化的初级阶段。这一阶段，为实现建构自主的国民经济体系和快速推进工业化的双重目标，我国选择了以计划经济为基础，以国家宏观调控为主导，以重点建设城市为突破口的城市化发展道路，城市作为工业化的载体而成为城镇化发展的战略重点，但是从总体上讲，这一阶段城镇化起伏波动明显，城镇化进程缓慢，城镇人口比重低，整个社会仍然呈现的是传统的小农经济状态。

根据农业发展水平、工业化发展政策及人口流动情况，这一时期的城镇化历程可以分为三个时期。

1. 快速发展时期（1949—1957 年）

这一时期，随着国家推进大规模的社会主义经济建设，我国开始迈向工业化，其突出的特征是推进 156 个重点项目的建设，不仅催生了一批新兴工业城市，也使一些项目所在地的老城得到了扩张和发展，与此同时，农村进行的土地改革激发了农民的生产劳动积极性，农村生产力获得极大的发展，释放出大量剩余劳动力，客观上支持了国家工业化城镇化的步伐，我国城镇化得以快速发展。

城镇化数量增速较快。1949 年，全国有镇 2000 个左右，中华人民共和国成立后，我国社会经济制度发生了根本变革，市镇建制不断创设、不断调整。1954 年颁布的《中华人民共和国宪法》规定"县、自治县分为乡、民族乡、镇"，正式确定了"镇"作为中国县辖基层政权建制，当时全国有镇 5400 个，年均递增 30%。只是 1956 年国家对城镇私营工商业进行社会主义改造，取消了个体商贩和手工业者，将其纳入集体合作的手工业合作社，商品流通通过国营、集体和供销合作社经营的单一的流通渠道实现，城镇的发展受到一定影响——据不完全统计，截至 1957 年底，有 24 个小城市降格为镇，全国建制镇数量自然减少。

城镇人口增加明显。中华人民共和国成立时,全国城镇人口约 5765 万人,到 1957 年,城镇人口共 9949 万人,城镇人口占总人口的比重由 1949 年的 10.6% 上升为 15.4%,城镇化的速度比较快。[1]

表 1-1 1949—1957 年市数和人口城镇化情况[2]

(单位:万人)

年份	总人口	市数(个)	市镇人口	乡村人口	人口城镇化率(%)
1949	54167	136	5765	48402	10.6
1950	55196	141	6169	49027	11.2
1951	56300	—	6632	49668	11.8
1952	57482	157	7163	50319	12.5
1953	58796	—	7826	50970	13.3
1954	60266	—	8249	52017	13.7
1955	61465	—	8285	53180	13.5
1956	62828	—	9185	53643	14.6
1957	64653	178	9949	54704	15.4

表 1-2 1949—1957 年中国各级规模城市数量及在城市总数量中所占比例[3]

(单位:个;%)

年份	合 计		100 万人口及以上		50—100 万人口		20—50 万人口		20 万人口以下	
	城市数量	比重	城市数量	比重	城市数量	比重	城市数量	比重	城市数量	比重
1949	136	100	5	3.7	8	5.9	17	12.5	106	77.9
1950	141	100	6	4.2	7	5.0	22	15.6	106	75.2

---

① 参见国家统计局编:《中国统计年鉴(1983)》,中国统计出版社 1983 年版,第 103—104 页。

② "市数"来自中国市长协会、《中国城市发展报告》编辑委员会编著:《2001—2002 中国城市发展报告》,西苑出版社 2003 年版,第 578 页;其他材料来自国家统计局编:《中国统计年鉴(1983)》,中国统计出版社 1983 年版,第 103—104 页。

③ 中国市长协会、《中国城市发展报告》编辑委员会编著:《2001—2002 中国城市发展报告》,西苑出版社 2003 年版,第 579 页。

年份	合 计		100 万人口及以上		50—100 万人口		20—50 万人口		20 万人口以下	
	城市数量	比重	城市数量	比重	城市数量	比重	城市数量	比重	城市数量	比重
1952	157	100	9	5.7	10	6.4	23	14.6	115	73.3
1957	178	100	10	5.6	18	10.1	36	20.2	114	64.1

2. 起伏发展时期(1958—1965 年)

这一时期,城镇化发展起起伏伏。

1958 年 8 月,《中共中央关于在农村建立人民公社问题的决议》提出实行"政社合一"的建设体制,一些建制镇被撤销,成立人民公社,城镇化发展出现了社会主义中国的第一次回落。一些地方的建制镇被撤销,全国建制镇的数量陡然减少——到 1958 年,全国建制镇的数量减少到 3621 个。

1958—1960 年"大跃进"时期,城镇化迅速发展。"大跃进"运动中,农业劳动力向非农产业和城市转移的规模扩大、速度提高。从城市数量看,1958 年全国城市 176 个,其中 100 万人口及以上的城市 11 个,占城市总数的 6.3%,50 万—100 万人口的城市 19 个,占城市总数的 10.8%,20 万—50 万人口的城市 36 个,占城市总数的 20.4%,20 万人口以下的城市 110 个,占城市总数的 62.5%;1960 年,全国城市 199 个,其中 100 万人口及以上的城市 15 个,占城市总数的 7.5%,50 万—100 万人口的城市 24 个,占城市总数的 12.1%,20 万—50 万人口的城市 32 个,占城市总数的 16.1%,20 万人口以下的城市 128 个,占城市总数的 64.3%。从人口城镇化率看,1958 年全国人口城镇化率为 16.25%,1960 年是 19.75%,两年时间上升 3.5 个百分点。①

1961—1965 年工业化进程调整时期,城镇化有所萎缩。1962 年 10 月,中共

---

① 中国市长协会、《中国城市发展报告》编辑委员会编著:《2001—2002 中国城市发展报告》,西苑出版社 2003 年版,第 578—579 页。

中央、国务院发布《关于当前城市工作若干问题的指示》,要求 10 万人口以下的城镇(即使是重要的林区和矿区,没有必要设立市的建制的)都撤销"市"的建制。1963 年 12 月,中共中央、国务院又作出《关于调整市镇建制、缩小城市郊区的指示》,要求提高"镇"的设置标准,撤销当时不符合标准的建制镇,将其划归于人民公社领导,建制镇数量因此大幅减少。从城市数量看,1961 年全国城市 208 个,其中 100 万人口及以上的城市 15 个,50 万—100 万人口的城市 22 个,20 万—50 万人口的城市 33 个,20 万人口以下的城市 138 个。1965 年,全国城市萎缩至 171 个,其中 100 万人口及以上的城市 13 个,50 万—100 万人口的城市 18 个,20 万—50 万人口的城市 43 个,20 万人口以下的城市 97 个。就人口情况而言,"大跃进"之后,由于城市人口增长过快(1957 年 9949 万人,1958 年 10721 万人,1959 年 12371 万人,1960 年 13073 万人),城市负担过重,城市公用设施不堪重负,城市居民食品和其他商品供应紧张,同时由于农村人口过度向城市集中,工农业发展比例失调,加上 1959—1961 年三年自然灾害,粮食大面积歉收,全国范围内口粮严重短缺,于是从 1961 年起不得不对国民经济进行调整,压缩城镇人口、减少建制镇数量,一些人回到农村。1961 年全国人口城镇化率为 19.29%,1965 年降至 17.98%,4 年时间下降 1.31 个百分点。[1]

表 1-3　1958—1965 年市数和人口城镇化情况[2]

(单位:万人)

年份	总人口	市数(个)	市镇人口	乡村人口	人口城镇化率(%)
1958	65994	176	10721	55273	16.2
1959	67207	183	12371	54836	18.4
1960	66207	199	13073	53134	19.7

①　中国市长协会、《中国城市发展报告》编辑委员会编著:《2001—2002 中国城市发展报告》,西苑出版社 2003 年版,第 578—579 页。

②　"市数"来自中国市长协会、《中国城市发展报告》编辑委员会编著:《2001—2002 中国城市发展报告》,西苑出版社 2003 年版,第 578 页;其他材料来自国家统计局编:《中国统计年鉴(1983)》,中国统计出版社 1983 年版,第 103—104 页。

续表

年份	总人口	市数(个)	市镇人口	乡村人口	人口城镇化率(%)
1961	65859	208	12707	53152	19.3
1962	67295	198	11659	55636	17.3
1963	69172	174	11646	57526	16.8
1964	70499	—	12950	57549	18.4
1965	72538	171	13045	59493	18.0

3.停滞发展时期(1966—1977年)

"文化大革命"时期,城市人口的增长速度缓慢(年平均增长速度仅为2.06%),比总人口年均增长速度(2.27%)低0.21个百分点,城镇人口占总人口的比重下降——1972年城镇化率17.13%,比1965年(17.98%)降低了0.85个百分点。1974年以后局面略有改观,但增长速度依然十分缓慢,1977年城镇化率为17.55%,仍比1965年水平低0.45个百分点,城镇人口增长基本依靠自然增长,12年间城镇人口年均增长量仅为302万人。

这一时期,由于背景是计划体制和城乡二元结构,对农民进城实行严格的"准入限制",对小城镇采取撤并措施,因此这一时期城镇建设和城镇化发展可以说停滞不前,到1978年建制镇数量只有2173个。

表1-4 1966—1977年市数和人口城镇化情况①

(单位:万人)

年份	总人口	市数(个)	市镇人口	乡村人口	人口城镇化率(%)
1966	74542	172	13313	61229	17.9
1967	76368	—	13548	62820	17.7
1968	78534	—	13838	64696	17.6

---

① "市数"来自中国市长协会、《中国城市发展报告》编辑委员会编著:《2001—2002中国城市发展报告》,西苑出版社2003年版,第578页;其他材料来自国家统计局编:《中国统计年鉴(1983)》,中国统计出版社1983年版,第103—104页。

续表

年份	总人口	市数(个)	市镇人口	乡村人口	人口城镇化率(%)
1969	80671	—	14117	66554	17.5
1970	82992	176	14424	68568	17.4
1971	85229	—	14711	70518	17.4
1972	87177	—	14935	72242	17.1
1973	89211	181	15345	73866	17.2
1974	90859	181	15595	76264	17.2
1975	92420	185	16030	76390	17.3
1976	93717	188	16341	77376	17.4
1977	94974	188	16669	78305	17.6

(二)逐步恢复阶段(1978—1992年)

这是城镇化的加速阶段。大量农村人口涌向城镇,城镇人口比重急速增加,城镇规模日趋扩大,城镇数量日益增多,城镇经济快速发展起来。

1978年党的十一届三中全会吹响了改革开放的号角,我国对原有城镇化发展道路进行了重大调整和创新,选择了重点发展小城镇,发挥市场机制作用,国有经济、集体经济、私营经济相结合,农村发展第二产业(乡镇企业)、城镇发展第三产业的多元化城镇化道路,小城镇建设成为"农村包围城市"的突破口。具体而言,本阶段城镇化主要分为两个时期。

1.调整时期(1978—1984年)

党的十一届三中全会以后,全国工作重心改变,由过去"以阶级斗争为纲"转向以经济建设为中心的社会主义现代化建设,我国城镇化进程也在经历了长达17年的倒退和停滞后开始步入正常发展的轨道。

这一时期,由于乡镇企业的出现和农村家庭联产承包责任制等一系列政策的推行,城镇化迅速发展。1979年9月中共中央发布《关于加快农业发展若干问题的决定》,明确要求有计划地发展小城镇;20 世纪 80 年代,随着改革开放的推进,农业劳动生产率大幅度提高,农村劳动力相对过剩,而乡镇企业的创办和 1984 年中央一号文件提出的"允许务工、经商、办服务业的农民自理口粮到集镇落户"则为农民转岗提供了可能,因此务工、经商的农民逐渐增多;1984 年 11 月,国务院批转民政部《关于调整建镇标准的报告》,重新修订了建制镇的标准,指出:凡县级地方国家机关所在地或总人口在 20000 人以下的乡、乡政府驻地非农业人口超过 2000 人的,或总人口在 20000 人以上的乡、乡政府驻地非农业人口占全乡人口 10% 以上;或少数民族地区,人口稀少的边远地区、山区和小型工矿区、小港口、风景旅游区、边境口岸等地,非农业人口虽不足 2000 人,确有必要,都可建镇。这些政策不仅促进了广大农村地区建制镇的发展,带来了建制镇的繁荣,也促使更多的农民走进工厂,走向服务行业。无论是城镇数量还是人口城镇化率从总体上看都在不断增长,具体如下表。

表 1-5 1978—1984 年城镇数和人口城镇化情况①

年份	总人口 (万人)	城镇人口 (万人)	城镇化率 (%)	城市化率 比上年增加 的百分点	建制市数 (个)	建制镇数 (个)
1978	96259	17245	17.92	—	193	2173
1979	97542	18495	18.96	1.04	216	2361
1980	98705	19140	19.39	0.43	217	—
1981	100072	20171	20.16	0.77	229	2678
1982	101654	21480	21.13	0.97	239	2664
1983	103008	22274	21.62	0.49	289	2968
1984	104357	24017	23.01	1.39	300	7186

---

① "市数"来自中国市长协会、《中国城市发展报告》编辑委员会编著:《2001—2002 中国城市发展报告》,西苑出版社 2003 年版,第 578 页;其他材料来自国家统计局编:《中国统计年鉴(2011)》,中国统计出版社 2011 年版,第 93 页。

2. 发展时期(1985—1992 年)

1984 年后,中国建制镇进入迅速发展时期。这一时期,在蓬勃发展的乡镇企业的有力推动下,我国城镇化进程大大加快。1989 年,中国乡镇企业产值占全国工业总产值的比重达 28%,吸纳农村劳动力就业 1 亿多人,是过去 30 年城市吸纳农村劳动力就业人口的总和。

根据国家统计局编《中国统计年鉴(2011)》,1984—1992 年,全国总人口从 104357 万人增加到 117171 万人,城镇人口增速更快,已经达到 32175 万,城镇化率从 1984 年的 23.01%提高到 27.46%。

由于乡镇企业中新增就业岗位大多集中在县城和建制镇,乡镇企业的发展客观上积极推进了中国农村地区的城镇化,1992 年,城市总数达到 517 座,全国建制镇 14135 个。①

表 1-6　1985—1992 年的市数、镇数

（单位:个）

年份	市数	镇数
1985	324	7956
1986	353	9755
1987	382	10280
1988	434	10609
1989	450	11060
1990	467	11392
1991	479	11882
1992	517	14135

① 中国市长协会、《中国城市发展报告》编辑委员会编著:《2001—2002 中国城市发展报告》,西苑出版社 2003 年版,第 578 页。

表 1-7 1985—1992 年人口城镇化情况①

（单位:万人）

年份	总人口	市镇人口	乡村人口	人口城镇化率(%)
1985	105851	25094	80757	23.71
1986	107507	26366	81141	24.52
1987	109300	27674	81626	25.32
1988	111026	28661	82365	25.81
1989	112704	29540	83164	26.21
1990	114333	30195	84138	26.41
1991	115823	31203	84620	26.94
1992	117171	32175	84996	27.46

（三）稳步推进阶段（1993—2012 年）

1992 年邓小平南方谈话和中央决定实行社会主义市场经济体制以后,我国的改革开放步伐不断加快,城乡之间、区域之间以及我国与国际的互动不断增强,经济发展开始新一轮高速增长,城镇化也大步前行,进入加速发展阶段。本阶段城镇化主要分为两个时期。

1.加速发展时期(1993—2002 年)

这一时期,由于国家鼓励发展第三产业、发展非农产业,我国农村剩余劳动力进入全方位、大规模的转移阶段;1998 年 10 月党的十五届三中全会形成的《中共中央关于农业和农村工作若干重大问题的决定》提出以小城镇带动

① 中华人民共和国国家统计局编:《中国统计年鉴(2011)》,中国统计出版社 2011 年版,第 93 页。

农村经济和社会发展的大战略,有力推动了我国城镇化发展,因此这一时期,人口城镇化率从1992年的27.46%跃升为2002年的39.09%,具体如表1-8所示。

表1-8 1993—2002年人口城镇化情况①

(单位:万人)

年份	总人口	市镇人口	乡村人口	人口城镇化率(%)
1993	118517	33173	85344	27.99
1994	119850	34169	85681	28.51
1995	121121	35174	85947	29.04
1996	122389	37304	85085	30.48
1997	123626	39449	84177	31.91
1998	124761	41608	83153	33.35
1999	125786	43748	82038	34.78
2000	126743	45906	80837	36.22
2001	127627	48064	79563	37.66
2002	128453	50212	78241	39.09

与此相呼应,这一时期我国建制镇的发展速度也明显加快,实现了持续稳定增长,城市数量在此期间快速增加——年均增加37个,1993年新设市达53个,到1997年城市数量达到668个,2001年全国设立城市662个。建制镇的数量也快速增加,1993年建制镇15223个,1999年19184个,2001年20358个,2002年增加到20600个。

---

① 中华人民共和国国家统计局编:《中国统计年鉴(2011)》,中国统计出版社2011年版,第93页。

表 1-9　1993—2002 年全国市数、镇数①

（单位：个）

年份	市数	镇数	市镇人口比重（％）
1993	570	15223	28.14
1994	622	16433	28.62
1995	640	17282	29.04
1996	666	17998	29.37
1997	668	18402	29.92
1998	668	18402	33.35
1999	667	19184	34.78
2000	663	20312	36.22
2001	662	20358	37.66
2002	660	20600	39.09

2. 有序发展时期（2003—2012 年）

2002 年 11 月,党的十六大指出:"统筹城乡经济社会发展,建设现代农业,发展农村经济,增加农民收入,是全面建设小康社会的重大任务。""要逐步提高城镇化水平,坚持大中小城市和小城镇协调发展,走中国特色的城镇化道路。"②明确提出"走中国特色的城镇化道路",并将大中城市与小城镇的协调发展作为其基本内涵。2004 年中央一号文件《中共中央　国务院关于促进农民增加收入若干政策的意见》进一步指出:"小城镇建设要同壮大县域经济、发展乡镇企业、推进农业产业化经营、移民搬迁结合起来,引导更多的农民

---

① 1993—1997 年数据来自中国市长协会、《中国城市发展报告》编辑委员会编著:《2001—2002 中国城市发展报告》,西苑出版社 2003 年版,第 578 页;1998—2002 年的人口数据来自中华人民共和国国家统计局编:《中国统计年鉴(2003)》,中国统计出版社 2003 年版,第 97 页;1998—2002 年的市数来自牛凤瑞、潘家华、刘治彦主编:《中国城市发展 30 年(1978~2008)》,社会科学文献出版社 2009 年版,第 2 页;1998—2002 年的镇数来自《中国城市发展报告》编委会编:《中国城市发展报告(2009)》,中国城市出版社 2010 年版,第 218 页。

② 《江泽民文选》第三卷,人民出版社 2006 年版,第 546 页。

进入小城镇,逐步形成产业发展、人口聚集、市场扩大的良性互动机制,增强小城镇吸纳农村人口、带动农村发展的能力。"①

这一时期,全国人口从 2002 年末的 128453 万人增加到 2012 年的 135404 万人,城市常住人口从 2002 年的 50212 万人增加到 71182 万人,城镇化率从 39.09%提升为 52.57%(见表 1-10),超过世界总体水平(52.5%);建制镇数量从 2002 年 20600 个减少为 2012 年的 19881 个(见表 1-11)。城市水、电、路、气、信息网络等基础设施显著改善,教育、医疗、文化体育、社会保障等公共服务水平明显提高,人均住宅、公园绿地面积大幅增加。城镇化的快速推进,吸纳了大量农村劳动力转移就业,提高了城乡生产要素配置效率,推动了国民经济持续快速发展,带来了社会结构深刻变革,促进了城乡居民生活水平全面提升,取得的成就举世瞩目。

表 1-10　2003—2012 年人口城镇化情况②

(单位:万人)

年份	总人口	市镇人口	乡村人口	人口城镇化率(%)
2003	129227	52376	76851	40.53
2004	129988	54283	75705	41.76
2005	130756	56212	74544	42.99
2006	131448	58288	73160	44.34
2007	132129	60633	71496	45.89
2008	132802	62403	70399	46.99
2009	133450	64512	68938	48.34
2010	134091	66978	67113	49.95
2011	134735	69079	65656	51.27
2012	135404	71182	64222	52.57

① 《中共中央　国务院关于促进农民增加收入若干政策的意见》,《人民日报》2004 年 2 月 9 日。

② 2003—2010 年数据来自中华人民共和国国家统计局编:《中国统计年鉴(2011)》,中国统计出版社 2011 年版,第 93 页;其他来自统计公报。

表 1-11　2003—2012 年全国市数、镇数①

（单位：个）

年份	市数	镇数
2003	660	
2004	661	19883
2005	661	19522
2007	655	19369
2008	655	19234
2009	654	19322
2010	657	19410
2011	657	19683
2012	657	19881

表 1-12　城市（镇）数量和规模变化情况②

（单位：个）

	1978 年	2010 年
城市	193	658
1000 万以上人口城市	0	6
500 万—1000 万人口城市	2	10
300 万—500 万人口城市	2	21
100 万—300 万人口城市	25	103
50 万—100 万人口城市	35	138
50 万以下人口城市	129	380
建制镇	2173	19410

---

① 数据来自西苑出版社和中国城市出版社 2004—2013 年《中国城市发展报告》。
② 《国家新型城镇化规划（2014—2020 年）》，人民出版社 2014 年版，第 8 页。

表 1-14　城市基础设施和服务设施变化情况①

指　标	2000 年	2012 年
用水普及率(%)	63.9	97.2
燃气普及率(%)	44.6	93.2
人均道路面积(平方米)	6.1	14.4
人均住宅建筑面积(平方米)	20.3	32.9
污水处理率(%)	34.3	87.3
人均公园绿地面积(平方米)	3.7	12.3
普通中学(所)	14473	17333
病床数(万张)	142.6	273.3

（四）新型发展阶段（2013 年至今）

这是城镇化的成熟阶段。城镇人口增长速度与总人口增长速度相当,城镇化走向多维,走向全面,走向科学,走向更高层次。

2012 年党的十八大进一步明确"新型城镇化"的发展路径;2013 年 12 月召开首次"中央城镇化工作会议",提出"两横三纵"的城镇化战略格局,强调农业转移人口市民化问题是推进新型城镇化的关键;2014 年发布《国家新型城镇化规划(2014—2020 年)》,按照走中国特色新型城镇化道路、全面提高城镇化质量的新要求,明确未来城镇化的战略任务、主要目标和发展路径,统筹相关领域制度和政策创新;2015 年 12 月,继 1978 年(时隔 37 年)后召开的"中央城市工作会议"强调着力解决"城市病"问题,指出了新时期新型城镇化发展的方向;2016 年 2 月,国务院印发《关于深入推进新型城镇化建设的若干意见》(国发〔2016〕8 号),提出以人的城镇化为核心、以提高质量为关键、以体制机制改革为动力,解决好"三个 1 亿人"的城镇化问题,3 月出台《中华人民共和国国民经济和社会发展第十三个五年规划纲要》,第一次将城镇化单

---

① 《国家新型城镇化规划(2014—2020 年)》,人民出版社 2014 年版,第 8 页。

独成篇,要求坚持以人的城镇化为核心、以城市群为主体形态、以城市综合承载能力为支撑、以体制机制创新为保障,加快推进新型城镇化建设步伐,促进新型城镇化与新农村建设协调发展,推进城乡发展一体化;2017年党的十九大提出"城乡融合发展",再次强调"推动新型工业化、信息化、城镇化、农业现代化同步发展";①2018年全国两会上,习近平更是要求城镇化、逆城镇化两个方面都要致力推动,使城镇和农村相得益彰、相辅相成、协调发展。

这一阶段,城市水、电、路、气、信息网络等基础设施显著改善,教育、医疗、文化体育、社会保障等公共服务水平明显提高,人均住宅、公园绿地面积大幅增加。城镇化的快速推进,吸纳了大量农村劳动力转移就业,提高了城乡生产要素配置效率,推动了国民经济持续快速发展,带来了社会结构深刻变革,促进了城乡居民生活水平全面提升,取得的成就举世瞩目。

与其他阶段相比,这一阶段的城镇化发展更为成熟、更为理性、更为科学,不仅仅体现为城镇人口增加、城镇规模扩大,还表现为城镇化更注重"质"的提升,更注重城镇发展与乡村振兴的统筹,更注重系统工程的推进,更注重人们生存环境(包括生态环境、人文环境等)的改善,更注重精神要素与文明程度的跟进,更注重传统文化的传承,更注重城镇个性的彰显,更注重以人为本,发展更全面、更协调、更可持续。

表1-14 2013—2019年人口城镇化情况②

(单位:万人)

年份	总人口	市镇人口	乡村人口	人口城镇化率(%)
2013	136072	73111	62961	53.73
2014	136782	74916	61866	54.77
2015	137462	77116	60346	56.1

① 习近平:《决胜全面建成小康社会 夺取新时代中国特色社会主义伟大胜利——在中国共产党第十九次全国代表大会上的报告》,人民出版社2017年版,第21—22页。
② 数据来自国家统计局历年国民经济和社会发展统计公报。

续表

年份	总人口	市镇人口	乡村人口	人口城镇化率(%)
2016	138271	79298	58973	57.35
2017	139008	81347	57661	58.52
2018	139538	83137	56401	59.58
2019	140005	84843	55162	60.60

表 1-15　2012—2019 年全国市数、镇数①

(单位:个)

年份	市数	镇数
2012	657	19881
2013	658	20117
2014	653	20401
2015	656	20515
2016	656	20515
2017	661	21116
2018	672	21297
2019	684	21013

三、传统城镇化的迷失

城镇化,是人们的生产方式、生活方式、社会结构由"农村"转向"城镇"的变化过程。随着生产力不断发展、社会不断进步,人口逐渐由农村转向城镇,城镇数量随之增加,城镇规模相应扩大,城镇基础设施不断完善,作为城镇主

---

① 数据来自《中国城市发展报告》编委会编:《中国城市发展报告(2013)》,中国城市出版社 2014 年版,第 4—5 页;《中国城市发展报告(2014)》,中国城市出版社 2015 年版,第 6 页;《中国城市发展报告(2015)》,中国城市出版社 2016 年版,第 4—6 页;《中国城市发展报告(2016)》,中国城市出版社 2017 年版,第 4—6 页;《中国城市发展报告(2017/2018)》,中国城市出版社 2018 年版,第 3 页。2018—2019 年的数据来自中华人民共和国国家统计局编:《中国统计年鉴》。

体的广大市民,其生产方式、生活方式不断改善,素质能力不断提升,文化生活不断丰富,思想观念不断与时俱进……由此可见,城镇化是一个系统工程——一个庞大的系统工程。反观传统城镇化,却常常被简单化、片面化,以致城镇化建设步入歧途。要想城镇化回归"正道",要想城镇化提高质量,要想城镇化"化"得更稳、"化"得更好,分析传统城镇化的迷失、引导新型城镇化实践有效避免,便不仅重要而且必要。

(一)等同于"都市化"

错误认识。提到"城镇化",很多人想到的可能是"城市化"甚至"都市化",以为三者同义,以为"城镇化"就是不断将城市做大,越大越好。根据报道,"中国城市国际形象调查结果显示,2008 年我国 200 多个地级市中有 180 多个提出要打造'国际大都市'"[1]。无论从城镇化的规律来看还是从国际经验来说,这种现象都存在问题。可以肯定其中绝大多数城市其实并不具备建设"国际大都市"的基本条件,他们建设"国际大都市"既不现实也不科学。城市建设脱离国情市情盲目求大,造成我国城市体系中大中小城市比例失调:大城市多,中小城市少,尤其是小城镇少,难免城乡脱节,城市对农村的影响力辐射力难以实现。

危害影响。前些年突飞猛进的"都市化"发展已经给了我们深刻的教训:其一,大规模的"扩城"、旧城改造以及一些城市热衷于"面子工程""形象工程",比学赶超地修建摩天大楼、大草坪、大广场、景观大道等,不切实际地追求震撼人心的视觉效果,虽然确实改变了城镇的面貌,使城镇变得"高大上",但与此同时,城镇的功能、生态、人们赖以生存和发展的环境也遭到严重破坏,这样的城镇并不宜居;其二,在"扩城""改造"过程中,建设性破坏普遍存在,很多古城、古街、古建筑遭到毁灭性损害,城镇的"温度"变冷;其三,大量农民

---

① 穆书涛:《谨防城镇化推进过程中的误区》,《光明日报》2014 年 8 月 23 日。

向大城市集中,城市原有的各种社会资源和承受能力不堪重负,城市交通拥堵、事故增多,就业困难、失业率上升,住房紧张、房价上涨,污染严重、卫生状况恶化……多种"城市病"相继出现,城镇活力被"打折",城镇居民生活质量随之下降,这无疑背离了城镇化让生活更美好的初衷,城镇化的可持续发展受到严重挑战。

正确解读。"城镇"与"城市""都市"有联系也有区别:广义的"城市"相当于"城镇",包含"市"和建制"镇","都市"则不同,它指的是国家的主要城市,是大城市。由于我国是农业大国,走"城镇化"道路,"规模"肯定不应是第一位的标准,不能一味贪"大",必须因地制宜合理规划,必须统筹考虑大中小城市(镇)体系,根据区位、地理、资源、交通以及人口基数等客观条件确定城镇的规模,明确不同规模城镇的功能定位,充分发挥并努力放大城镇的扩散和辐射效应,实现大城市对小城镇的牵引和带动,与此同时,着力加快中小城市和县、镇的建设步伐,提升城镇建设的质量,推动大中小城市(镇)协调发展。对于农村剩余劳动力,注意引导其多方向转移,使多数农民离土不离乡,就近甚至就地实现生产方式、生活方式等转变,以适应我国国情,使城镇化更科学、更合理、更人性、更生态、更环保、更可持续,效果更佳。

(二)狭隘于"舍农村"

错误认识。说到"城镇化",不少人认为就是要将"农村"变成"城镇",就是不要农村——过去曾经一段时间的城镇化实践就带有明显的"去农化"嫌疑:无论是各地大范围的"拆县建区"行动,还是通过行政手段迫使农民无奈集中"上楼";无论是大城市市域内的村庄社区化管理,还是各地政府编制实施的"倍增"城镇化率工作目标,都在向人们昭示:城镇化过程就是不断地让城市越来越大越来越强、农村越来越小越来越弱并最终走向终结,貌似消灭了农业、消灭了村庄、没有了农民,当地的经济社会发展水平就会大上台阶,当地的人们变一个"称号"就能过上更好的生活。

危害影响。变"村"为"城"、舍"村"扩"城"的城镇化毁掉的不仅仅是"村",更是我们的文化。首先,会使我们国家民族的传统文化面临"断裂"的危险。中华五千年文明属于农耕文明,中华文明的根在农村,农业、农村、农民的发展是中国实现现代化的前提,是实现"中国梦"(国家富强、民族复兴、人民幸福)的基础,城镇化若以消灭农村为代价,则不仅撼动了这个根基,还撕裂了中华民族五千年的文明载体,中华民族的精神家园难免陷于险境。其次,会使我们国家民族的发展失去物质根基。"民以食为天",我国是一个人口大国,农业、农村是国家的命脉所在,一旦农业、农村、农民消失,中国人民便会衣食无着,城镇也就失去了赖以生存和持续发展的基础,整个社会则难以正常运行,社会便会失去稳定……可见这不是进步而是退步,不是发展而是伤害发展,既不科学也不现实,有悖于人类社会的发展目标,甚至可以说是自我戕害。新型城镇化绝对不是也不应该是这样,绝对不能以终结农业、终结乡村为代价!

正确解读。城镇化毫无疑问需要城镇向周边扩张,毫无疑问需要农村人口向城镇聚集,毫无疑问会引发整个社会急剧变化,会带来村庄和村庄人口的大量减少,但这绝不意味着城镇化就是不要农村甚至"化"掉农村。农村与城镇、农业与工业如车之两轮、鸟之双翼缺一不可,市民与村民只能而且必须长期共存,建立一个乡村与城市共存共荣、农业与工商业互联互补、村民与市民共生共赢的城镇化才是我们追求的目标,才是我们努力的方向。早在2011年9月,习近平在天津调研时就强调"推进新型城镇化与新农村建设互动发展、共同提高"①;党的十八大提出新型"城镇化"时则"四化"并提——要求"坚持走中国特色新型工业化、信息化、城镇化、农业现代化道路"②,可见"新城镇化道路"并不排斥"农业现代化",甚至它们应并肩前行;十九大更是强调"城乡

---

① 转引自徐京跃、李靖:《坚持求真务实作风 推进城乡协调发展》,《光明日报》2011年9月24日。

② 《胡锦涛文选》第三卷,人民出版社2016年版,第628页。

融合发展"[1];2018 年全国两会期间,习近平参加广东代表团审议时指出:一方面要继续推动城镇化建设。另一方面,乡村振兴也需要有生力军。……城镇化、逆城镇化两个方面都要致力推动。城镇化进程中农村也不能衰落,要相得益彰、相辅相成。只有厘清城市(镇)和乡村的不同定位,充分发挥它们各自的功能作用,使其优势互补,才能实现城乡差异化发展、协调发展,使我们的发展真正做到"可持续"。

(三)简单于"造城镇"

错误认识。说到城镇化,人们容易想到圈地,想到造城,想到宽阔公路,想到车水马龙,想到高架立交,想到摩天大厦,想到大型广场,想到各种资源向城镇集聚……以致我国城镇化建设出现一个大问题,即土地城镇化速度大大快于人口城镇化速度。"30 多年间土地城镇化增速为人口城镇化的两倍。据统计,全国城市建成区面积由 1981 年的 7438 平方千米增加到 2013 年的 47900 平方千米,年平均拓展速度为 6.01%,远高于同期城镇人口的年增长速度 4.14%和城镇化的年增长率 3.12%。"[2]与此同时,建成区人口密度却呈现不断下降的趋势(见表 1-17),而城镇化的空间形态呈现低密度蔓延的特点。原国土资源部副部长胡存智 2012 年 3 月 25 日指出:要高度警惕城市发展中土地城镇化过快的现象,土地城镇化速度和人口城镇化速度应该有一个合理的比值,也就是约在 1—1.12 之间的范围,以保证土地的性质和高效利用。根据《国家新型城镇化规划(2014—2020 年)》,"2000—2011 年,城镇建成区面积增长 76.4%,远高于城镇人口 50.5%的增长速度;农村人口减少 1.33 亿人,农

---

①　习近平:《决胜全面建成小康社会　夺取新时代中国特色社会主义伟大胜利——在中国共产党第十九次全国代表大会上的报告》,人民出版社 2017 年版,第 32 页。

②　《中国城市发展报告》编委会编:《中国城市发展报告(2014)》,中国城市出版社 2015 年版,第 164 页。

村居民点用地却增加了 3045 万亩"①。至于造城的速度、城镇数量如雨后春笋般增长的情况在本章前文"我国城镇化的进程"中可以具体看到,城镇的灵魂——人的城镇化,却被忽视了。

表 1-16　我国 1981—2012 年城市建成区面积和人口密度变化②

年份	城市建成区面积 (平方千米)	城镇人口 (万人)	城镇化水平 (%)	建成区人口密度 (人/平方千米)
1981	7438	19970	20.12	26849
1985	9386	25094	23.71	26736
1990	12856	30191	26.41	23484
1995	19264	35174	29.04	18259
2000	22439	45906	36.22	20458
2005	32521	56212	42.99	17285
2006	33660	58288	43.90	17316
2007	35470	60633	44.94	17094
2008	36295	62403	45.68	17193
2009	38107	64512	46.6	16929
2010	40058	66978	49.7	16720
2011	43603	69079	51.27	15843
2012	45566	71182	52.57	15622

　　危害影响。将"城镇化"误等于造城镇,忽略人的城镇化,不顾人的发展,其危害不仅仅在于造成不少的空城"鬼城",有"城"的形态无"城"的精神,城镇缺少盎然的生机、没有激荡的活力,城镇空间只是一具躯壳,还在于对城镇居民缺乏必要的教育、引导,人们的思想境界、素质能力、生活质量没有因城镇化得到进一步提升。换言之,城镇化的价值没有得到应有的彰显,不是真正意义的"城镇化"。

---

　　①　《国家新型城镇化规划(2014—2020 年)》,人民出版社 2014 年版,第 10 页。
　　②　《中国城市发展报告》编委会编:《中国城市发展报告(2014)》,中国城市出版社 2015 年版,第 165 页。

正确解读。做大做强城镇固然是城镇化之所必需，但城镇化的内涵远不止于此，"城市物质环境的变化只是城市化完成的一个部分，而更艰巨的城市化任务还要包括制度层面的城市化和人的城市化过程"[①]。城镇化的核心和关键是人的城镇化，因为城镇为人所建，为人服务，人才是城镇的根本，才是城镇的灵魂。而且人的城镇化也不是简单的城镇人口聚集膨胀，而是人的素质、能力和生活水平不断得到提升。可以这么说，城镇化的目的是改善民生，是为民造福，是努力实现人的全面发展。就当下而言，就是要改变发展红利为一部分人占有的情况，就是要促进城乡人民都能走向小康走向进步，不仅要努力使农村富余劳动力转移进城，从身份、保障到思想精神、文化心态、价值观念实现全方位的"市民化"转变，还要促进包括城镇原住居民在内的所有城镇居民向"现代"的"文明"的新市民蝶变，还要逐步缩小并最终消灭城乡差别，使城乡融合发展，城乡居民平等沐浴改革开放的阳光雨露，公平分享自己创造的物质文明和精神文明成果。如此，城镇化才有价值，才可持续，才是我们追求的目标。

（四）片面于"弃传统"

错误认识。有人以为"城镇化＝工业化＋现代化"，与农村、农业无关，更与传统无缘，以为"传统"的即是"落后"的、与"现代化"相背离的，是"城镇化"的羁绊，因此认为城镇化应当破旧立新，踢开传统"绊脚石"、走向"摩登"、走向时尚、全面"旧貌换新颜"。

危害影响。在"城镇化"等于弃传统的错误观念影响下，前些年的传统城镇化盲目扩城建城，盲目"旧城改造"，无论是建筑、街区等物质文化遗产还是地方语言、传统技艺等非物质文化遗产在建设性破坏中频频受伤甚至快速消亡：城市没了四合院，农村没了古村落，弄丢了自己的重要元素。2013年，"兴教寺事件"轰动一时，由于丝绸之路联合申遗需要，葬有唐代著名高僧玄奘遗

---

① 纪晓岚：《论城市本质》，中国社会科学出版社 2002 年版，第 272 页。

骨的西安兴教寺面临大规模拆迁①……再以重庆为例:作为世界反法西斯战争四大名城(另外三大名城是伦敦、莫斯科、华盛顿)之一,"依照重庆市抗战遗址现状报告,重庆市抗战遗址共计767处,现存395处,占51.5%;消失372处,占48.5%","除消失遗址外,一些尚存遗址或年久失修,或挪为私用,现状同样堪忧。重庆市文物局副总工程师吴涛介绍,在现存395处遗址中,177处保存较好,95处保存一般,123处保存较差"。② 以至于美国纽约市前规划局局长、美中城市规划基金会会长饶及人曾经点评:中国的城市大部分还是在青少年时代,没有找到自己城市的魂。诸如此类的情况前些年不是个别,传统文化及其遗产"被破坏""被消失",受伤严重,其结果,新城镇在发展中迷失了自己:丢了过去,难适应现在,看不清未来,人们也因此失落了归属感。

正确解读。没有继承就没有发展,没有传统就没有现代,城镇只有传承传统,才能有根基,才能有底蕴,才能有活力、张力、竞争力。中华传统文化源远流长,积淀深厚,每个城镇或乡村都有自己深厚的文化底蕴,需要珍视,需要保护,"根据世界城镇化发展普遍规律,我国仍处于城镇化率30%—70%的快速发展区间"③,必须高度重视历史文化遗产保护,立即纠正一些错误的做法。因此在城镇化进程中我们必须坚定我们的文化自信,加强对传统文化的保护和弘扬,重建人们对优秀传统文化应有的认同感、亲近感,在全社会形成自觉保护传统、保护传统文化的共识,让传统文化与现代文明高度融合,为城镇化增添强劲的动力,让人们在城镇化建设中不失却甚至能增强归属感。

(五)浮躁于"无差异"

错误认识。过去的城镇化建设存在一种误区,以为城镇都是同一个"模板",长着完全相同的"模样",都是雷同的"整容脸"——宽阔的公路、巨型的

---

① 参见涂启智:《对"兴教寺面临拆除"的反思》,《光明日报》2013年4月16日。
② 刘锴、张琴:《重庆372处抗战遗址消失》,《南方日报》2011年9月18日。
③ 《国家新型城镇化规划(2014—2020年)》,人民出版社2014年版,第12页。

广场、大块的草坪、名贵的树种、洋化的小区、高大豪华的楼宇、成片的"现代主义"混凝土"森林"、全新的面貌等。

危害影响。在错误认识的影响下,前些年我们的城镇化片面地求变、求新、求大、求洋,"一些城市景观结构与所处区域的自然地理特征不协调,部分城市贪大求洋、照搬照抄……'建设性'破坏不断蔓延,城市的自然和文化个性被破坏"①。其结果是全国各地千城一面、千街一景、千楼一貌,人们看到的几乎是"同一张面孔"——很摩登、很时髦却没历史、没文化,虽然城镇变大、变新了,但同时也变得没有个性、没有自我了,缺少了灵气,缺少了魂魄,缺少了生命力、竞争力。如果我们在不知情的情况下被置身于某个地方,我们真的很可能迷茫不知身之所处:像是在某城某镇,也像是在另外的城镇……"特色危机"成为我们城镇化建设的共性问题。

正确解读。一方水土养一方人文。特色是一个地区的人们在长期的生产生活中不断适应自然、改造自然中积淀形成的,每一个地区独特的历史、地理、人文条件都会形成它不同于其他地区的特色,这种特色能够突出该地区的与众不同,能够增添该地区的文化魅力,能够增强该地区的发展张力,进而提升该地区的核心竞争力。就像我们说到皇城会想到北京,说到沿海大都市会想到上海,说到山水城市会想到重庆,说到窑洞会想到陕北,说到寺庙会想到西藏,说到改革开放的前沿会想到深圳……对城镇而言,不一定要"大",有个性、有特色、系"唯一"、与众不同,才有生命力,才有存在的价值,才留得住乡愁,才有发展的根基,才具备独特的优势和财富,才有魅力,才有冲击力,才有吸引力,才有发展力。只有各个城镇各显特色,百花齐放,世界才能缤纷多彩。

(六)盲目于"同路径"

错误认识。传统城镇化阶段还有一种错误认识,以为"城镇化"只有一条

---

① 《国家新型城镇化规划(2014—2020年)》,人民出版社2014年版,第11页。

路径,实现城镇化非走那条路不可——扩城扩路、农民"上楼"、城市越来越大,农村越来越小,工厂越来越多,耕地越来越少,大修城镇地标、广筑"水泥森林"、商场国际化、小区洋名化……

危害影响。在错误认识的引导下,我们前一阶段的传统城镇化中,一些地方不顾自身实际情况,没有注意因地制宜,没有做到扬长避短,没有坚持具体问题具体分析的实事求是的工作原则,没有坚定地走适合自己的城镇化道路,而是邯郸学步东施效颦、盲目模仿简单照搬,城镇化效果必然不佳。

正确解读。"城镇化"有特色不仅应当体现在城镇的物质文化和非物质文化中,还应体现在城镇化的路径上,所谓"条条道路通罗马",应多样化推进城镇化,因地制宜殊途同归。工作中我们经常可以听到或看到这样的讨论:应优先发展"大城市"还是重点建设"小城镇"? 如何"加快"城镇化建设步伐? 其正确答案应该是视其具体情况而定:各地根据自己的自然条件、环境条件、资源禀赋以及经济社会发展水平,选择适合自身的、能事半功倍的发展方式、发展路径。换言之,各地城镇化路径的选择必须从实际情况出发,从现实条件出发,确保建设的科学性、可行性、可持续性。

第二章 文化光照：新型城镇化的动力之源

新中国成立以来,城镇化成就举世瞩目,但是"在城镇化快速发展过程中,也存在一些必须高度重视并着力解决的突出矛盾和问题"①,而这正是新型城镇化的使命。

一、新型城镇化的发轫

新型城镇化不是凭空想出来的,而是中国特色城镇化的现实要求,它建立在改革开放以来对中国特色城镇化道路不断探索和实践的现实基础之上,是对中国特色社会主义道路理论的丰富和发展。

(一)新型城镇化的提出过程

改革开放以后,我国城镇化迅速发展,1999年我国城镇化率达34.78%。根据诺瑟姆S形曲线规律,我国城镇化即将步入快速发展阶段。在这种背景下,及时调整策略以适应城镇化建设步伐不仅重要而且必要,对"新型城镇

---

① 《国家新型城镇化规划(2014—2020年)》,人民出版社2014年版,第9页。

化"的研究应运而生。

党的十六大提出"走中国特色的城镇化道路"的新型城镇化雏形。2002年11月,党的十六大在北京召开,当年全国城镇化率为39.09%,全国城镇化发展迅猛,在此背景下,党的十六大提出:"农村富余劳动力向非农产业和城镇转移,是工业化和现代化的必然趋势。要逐步提高城镇化水平,坚持大中小城市和小城镇协调发展,走中国特色的城镇化道路。"[1]新型城镇化的雏形——"走中国特色的城镇化道路"首次面世,并将"大中小城市和小城镇协调发展"作为其基本内涵。对"新型城镇化"的研究开始破题。

党的十六届五中全会提出"新四化"倡导新型城镇化。2005年10月,党的十六届五中全会通过《中共中央关于制定国民经济和社会发展第十一个五年规划的建议》,第一次使用"工业化、城镇化、市场化、国际化"[2]的"新四化"概念。相对于20世纪70年代所提的工业、农业、国防和科学技术"四个现代化",相对于1997年党的十五大报告中"实现工业化和经济的社会化、市场化、现代化"[3],此次提出的"工业化、城镇化、市场化、国际化"被称为"新四化"。城镇化作为"新四化"的主要内容进入国家战略层面,2006年全国各省的"十一五"规划中开始出现对"新型城镇化"的专门论述。2007年5月,时任国务院总理温家宝在长江三角洲地区经济社会发展座谈会上强调"统筹城乡发展,努力改变城乡二元结构,扎实推进新农村建设",要求"优化城市布局,走新型城镇化道路,充分发挥中心城市作用"[4],将新型城镇化建设提到了统筹城乡建设的高度。

党的十七大确立"新五化"力推新型城镇化。2007年10月,党的十七大

---

① 《江泽民文选》第三卷,人民出版社2006年版,第546页。

② 《中共中央关于制定国民经济和社会发展第十一个五年规划的建议》,《人民日报》2005年10月19日。

③ 《江泽民文选》第二卷,人民出版社2006年版,第14页。

④ 转引自赵承、厉正宏:《进一步发挥区域优势,实现率先发展、科学发展》,《光明日报》2007年5月18日。

报告提出"立足社会主义初级阶段这个最大的实际,科学分析我国全面参与经济全球化的新机遇新挑战,全面认识工业化、信息化、城镇化、市场化、国际化深入发展的新形势新任务,深刻把握我国发展面临的新课题新矛盾,更加自觉地走科学发展道路,奋力开拓中国特色社会主义更为广阔的发展前景",将城镇化列入"新五化"范畴,要求"走中国特色城镇化道路,按照统筹城乡、布局合理、节约土地、功能完善、以大带小的原则,促进大中小城市和小城镇协调发展"。① 2011 年制定的我国《国民经济和社会发展第十二个五年规划纲要》同样强调坚持走中国特色城镇化道路,要求科学制定城镇化发展规划、促进城镇化健康发展。

党的十八大明确"新四化"融合共进的新型城镇化发展路径。2012 年 11月,党的十八大肯定了我国城镇化建设的成绩,指出"城镇化水平明显提高,城乡区域发展协调性增强",提出"坚持走中国特色新型工业化、信息化、城镇化、农业现代化道路,推动信息化和工业化深度融合、工业化和城镇化良性互动、城镇化和农业现代化相互协调,促进工业化、信息化、城镇化、农业现代化同步发展",②为新时代城镇化建设指明了方向。

2014 年,《国家新型城镇化规划(2014—2020 年)》颁布,从规划背景、指导思想和发展目标、有序推进农业转移人口市民化、优化城镇化布局和形态、提高城市可持续发展能力、推动城乡发展一体化、改革完善城镇化发展体制机制、规划实施八个方面明确了中国特色新型城镇化的主要目标、战略任务、发展路径等,成为指导我国城镇化发展的战略指南。从此,我国城镇化有了科学的、系统的遵循和指引,城镇化建设进入崭新阶段。

从党的十六大至今,中央持续推进新型城镇化的研究与实践,新型城镇化从提出概念到逐步发展概念内涵,从躬身实践到完善理论,从"摸着石头过河"到制定发展规划,思路逐渐明晰,实施路径不断趋于科学。

---

① 《胡锦涛文选》第二卷,人民出版社 2016 年版,第 623、632 页。
② 《胡锦涛文选》第三卷,人民出版社 2016 年版,第 613、628 页。

（二）提出新型城镇化的原因

提出"新型城镇化"，主要是基于以下三个方面的原因。

其一，城镇化是现阶段我国经济社会发展的重要任务。

《国家新型城镇化规划（2014—2020年）》指出："城镇化是伴随工业化发展，非农产业在城镇集聚、农村人口向城镇集中的自然历史过程，是人类社会发展的客观趋势，是国家现代化的重要标志。"①当今中国，城镇化已成为经济社会发展的重要任务。

城镇化是国家实现现代化的必由之路。放眼世界，成功的经验和失败的教训都已表明，一个国家要成功实现现代化，必须在工业化发展的同时注重城镇化发展。我国正行进在现代化途中，需要城镇化这个载体和平台，去承载工业化、信息化的发展，去推动农业现代化，去促进国家现代化早日实现。

城镇化是我国保持经济持续健康发展的强大引擎。内需是当今中国经济发展的根本动力，城镇化则可有力有效扩大内需。根据《2013年国民经济和社会发展统计公报》，截至2013年底，全国大陆总人口为136072万人，其中城镇常住人口为73111万人，占总人口比重（常住人口城镇化率）为53.73%（若以户籍城镇化率计算则更低），不仅远低于发达国家80%的平均水平，也低于发展中国家60%的平均水平，存在较大的发展空间。随着我国城镇化水平的提高，广大农民将从中受益——进城者通过转移就业提高收入，务农者通过规模化生产增收，如此，消费群体将不断扩大，消费能力将不断提升，消费结构将不断升级，消费潜力将不断释放，无疑为经济持续发展提供了强劲的动力。

城镇化是我国加快产业结构转型升级的重要抓手。转变经济发展方式需要实现产业结构转型升级，需要大力发展服务业，而城镇化可以有效助推服务业发展。"目前我国服务业增加值占国内生产总值比重仅为46.1%，与发达

---

① 《国家新型城镇化规划（2014—2020年）》，人民出版社2014年版，第2页。

国家 74% 的平均水平相距甚远,与中等收入国家 53% 的平均水平也有较大差距"①。城镇化推动农村剩余劳动力向城镇转移,合理配置生产要素,必然带来城乡尤其是城镇生活性服务需求扩大,形成三次产业联动、社会分工细化,从而引导传统产业升级、新兴产业发展。

城镇化是解决现实"三农"问题的重要途径。由于自然的、历史的种种原因,我国农民人口众多、土地资源紧缺,根据《国家新型城镇化规划(2014—2020 年)》,"我国人均耕地仅 0.1 公顷,农户户均土地经营规模约 0.6 公顷"②,加上农业生产水平落后,"三农"问题十分突出,城镇化可以有效推动现状的改变:随着农村人口向城镇转移,农民人均资源占有量相应增加,农民可以因此集约节约利用资源,推动农业生产规模化机械化,促进现代农业发展,从而增加收入,提高生活水平。

城镇化是推动我国区域协调发展的有力支撑。改革开放以来,我国东部地区率先开放,率先发展,形成了京津冀、"长三角"、"珠三角"等一批城市群,成为国民经济的重要增长极,中西部地区由于城市发展不足,经济社会发展明显滞后,2014 年"东部地区常住人口城镇化率达到 62.2%,而中部、西部地区分别只有 48.5%、44.8%"③。城镇化建设可以促进中西部形成新的增长极,带动市场空间由东向西拓展,促进区域协调共进。

城镇化是促进社会全面进步的必然要求。城镇化作为人类文明进步的产物,已经成为我国扩内需、调结构、转方式的战略重点,成为我国解决"三农"问题、协调区域发展的重要依托,成为我国保持经济平稳发展的强大内在动力。随着城镇化的不断推进,城乡二元体制将逐步破除,城镇功能将逐步完善,生态环境将逐步改善,农村环境将逐步好转,人们的物质生活将逐渐殷实,精神生活将逐渐丰富,其结果,能强大国家,能造福民众,能促进人的全面发

---

① 《国家新型城镇化规划(2014—2020 年)》,人民出版社 2014 年版,第 4 页。
② 《国家新型城镇化规划(2014—2020 年)》,人民出版社 2014 年版,第 5 页。
③ 《国家新型城镇化规划(2014—2020 年)》,人民出版社 2014 年版,第 5 页。

展,能促进社会和谐文明,能促进社会全面进步。

其二,我国传统城镇化存在的问题亟待解决。

城镇化之所以提"新型",是因为传统城镇化在"高歌猛进"的同时出现了不少问题。改革开放以来,我国城镇化快速发展,"1978—2013 年,城镇常住人口从 1.7 亿人增加到 7.3 亿人,城镇化率从 17.9%提升到 53.7%,年均提高 1.02 个百分点;城市数量从 193 个增加到 658 个,建制镇数量从 2173 个增加到 20113 个"①。城镇化成效明显,但与此同时,也出现了一些必须高度重视并着力解决的矛盾和问题。

城镇化水平依然落后。根据《2013 年国民经济和社会发展统计公报》,截至 2013 年,我国城镇化率为 53.73%,与发达国家甚至人均收入与我国相近的国家相比,城镇化水平明显较低。而且这还是根据常住人口统计的,这种统计方法,城镇人口包括城镇户籍人口和在城镇居住期超过 6 个月的非城镇户籍人口,众所周知,农村户籍进城务工人员具有"流动"性,他们并未享受到城镇居民的"同城待遇",如果去除这部分人群,我国城镇化率其实更低。2014 年公布的《国家新型城镇化规划(2014—2020 年)》明确指出:"目前我国常住人口城镇化率为 53.73%,户籍人口城镇化率只有 36%左右,不仅远低于发达国家 80%的平均水平,也低于人均收入与我国相近的发展中国家 60%的平均水平,还有较大的发展空间。"②

土地城镇化快于人口城镇化。由于一些城镇片面追求规模,一味"摊大饼",过分追求宽公路、大广场,致使新城、新区、园区和开发区占地过大,人口密度低,《国家新型城镇化规划(2014—2020 年)》指出:"1996—2012 年,全国建设用地年均增加 724 万亩,其中城镇建设用地年均增加 357 万亩;2010—2012 年,全国建设用地年均增加 953 万亩,其中城镇建设用地年均增加 515 万亩。2000—2011 年,城镇建成区面积增长 76.4%,远高于城镇人口 50.5%

---

① 《国家新型城镇化规划(2014—2020 年)》,人民出版社 2014 年版,第 7 页。
② 《国家新型城镇化规划(2014—2020 年)》,人民出版社 2014 年版,第 3 页。

的增长速度;农村人口减少 1.33 亿人,农村居民点用地却增加了 3045 万亩。"①城镇化中土地占用过多却利用粗放,从现实看,浪费了大量耕地资源,从长远讲,对国家粮食安全和生态安全可能会构成严重威胁。

农村萧条与"城市病"并存。传统城镇化"重城轻乡""重工轻农",导致城乡分割、农村萧条与"城市病"泛滥等问题并存:一方面,传统城镇化不仅使农村耕地减少,还将农村相对有知识有能力的人吸引到城镇,农村人口逐渐"空心化",土地撂荒,逐渐萧条;另一方面,在传统城镇化中农村劳动力盲目涌向大城市,大城市不堪重负,管理和服务跟不上趟,公共服务分配不均衡,以致就业难、住房难、出行难、看病难,生态环境恶化,城市的健康发展受到制约。

农民工市民化进程迟缓。规模庞大的"农民工"(进城务工的农民)是中国城镇化的"农"转"非"主要群体,由于长期以来城乡分割户籍制度的影响,2.34 亿的庞大群体②及其随行家属虽然常住城镇,却并未能在教育、就业、医疗、养老以及保障性住房等方面与城镇居民享受同样的基本公共服务,处于"半市民化"状态,以致城乡二元结构问题尚未解决又出现城镇内部的二元结构矛盾,给经济社会发展带来明显的风险和隐患。

"软件"城镇化严重不足。传统城镇化"重面子轻里子""重物质轻精神""重短期轻长期",停留在"化""硬件"上,对自然历史文化遗产尤其是非物质文化遗产保护不力,对人们生活方式的改良、价值取向的引导、法治意识和文明意识的培育不够,以致城镇化陷于文化少传承、城镇无特色等状态。

以上的问题说明,前些年的传统城镇化系低质量的粗放型的城镇化,"延续过去传统粗放的城镇化模式,会带来产业升级缓慢、资源环境恶化、社会矛盾增多等诸多风险,可能落入'中等收入陷阱',进而影响现代化进程。随着

---

① 《国家新型城镇化规划(2014—2020 年)》,人民出版社 2014 年版,第 10 页。

② 参见《国家新型城镇化规划(2014—2020 年)》,人民出版社 2014 年版,第 9 页。

内外部环境和条件的深刻变化,城镇化必须进入以提升质量为主的转型发展新阶段"①。只有通过升级版的城镇化也就是"新型城镇化"才能破解问题,才能推动经济社会更好发展。

其三,城镇化转型发展的基础条件日趋成熟。

前期的城镇化受各方面条件的限制,是低水平的城镇化,随着经济不断发展、社会不断进步,城镇化转型发展的基础日趋成熟,城镇化发展由速度扩张向质量提升转型自然被提上重要议事日程。

改革开放40多年来经济持续快速增长,为城镇化转型发展奠定了良好的物质基础。根据《1978年国民经济和社会发展统计公报》,当年工农业总产值为5689.8亿元,《国家新型城镇化规划(2014—2020年)》颁布前夕的2013年末,全年国内生产总值已达568845亿元,成就明显,经济基础基本具备。

国家着力推动基本公共服务均等化,为城镇化由重"量"转向重"质"创造了条件。随着城镇化进程的不断推进,随着经济不断发展,国家对基本公共服务越来越重视并持续不断加大投入力度,我国基本公共服务水平和均等化程度明显提高:一方面,公共服务的范围不断延伸——不仅在社会保障、公共卫生体系、基本医疗保障等物质领域有所拓展,精神文化领域也受到前所未有的重视,公共博物馆、纪念馆、体育馆等公共文化体育资源逐步实现免费开放,不断满足人们日益增长的精神文化需要;另一方面,公共服务的质量有所提高——免费义务教育得到全面实施,义务教育服务质量全面提升,②党的十八大报告更是明确提出基本公共服务均等化的目标,基本公共服务制度正不断健全,全体社会成员共同享有改革开放和社会发展的成果。以上种种使城镇化转型具备了可行性。

交通的发展、技术的进步为优化城镇化空间布局、为城镇可持续发展提供了有力支撑。随着经济发展,城镇实力不断增强,交通运输网络不断延伸,节

---

① 《国家新型城镇化规划(2014—2020年)》,人民出版社2014年版,第12页。
② 参见郭俊、高璇:《着力推进基本公共服务均等化》,《经济日报》2013年10月25日。

能环保等新技术不断应用，信息化快速推进，基础设施不断完善，服务能力不断增强，城镇化建设逐渐具备了从外延扩张转向品质提升的物质基础，城镇化布局和形态优化的条件也日臻完备。

全国各地几十年来的城镇化建设探索，也为破除城镇化发展的问题、推动城镇化更加健康发展积累了丰富的经验。

二、新型城镇化的"新"意

新型城镇化是相对于传统城镇化而言的。传统城镇化重数量轻质量、重"体积"轻内涵、重城镇轻乡村、重物质轻精神、重硬件轻软件、重当前轻长远……新型城镇化是对中国特色城镇化道路内涵的丰富和发展，更加注重质量，更加注重内涵，更加注重城镇可持续向好，更加注重人的全面发展。具体而言，新型城镇化的"新"主要表现为三个方面。

（一）强调"人本"

以人为本是科学发展的核心，也是推进城镇化的原则。我们推进城镇化，不是为了城镇化而城镇化，城镇化只是手段，其目的是促进人的全面发展，因此 2013 年党的十八届三中全会通过的《中共中央关于全面深化改革若干重大问题的决定》要求"完善城镇化健康发展体制机制。坚持走中国特色新型城镇化道路，推进以人为核心的城镇化"；2014 年的《国家新型城镇化规划（2014—2020 年）》更是将"以人为本"作为新型城镇化的基本原则。

强调"以人的城镇化为核心"。新型城镇化最重要的内容不是圈了多少地、建（扩）了多少城，也不是筑了多少路、修了多少楼，甚至不是多少农民变了身份进了城，而是通过调整产业结构、转换生产方式、改善人居环境等消除城乡和城镇内部的二元结构矛盾，使城镇的灵魂——人们——能够普遍地感到物质丰富、精神充实、生活便捷、保障有力、环境和谐，不断提高人们的生活质量,不断增强人们的幸福感和归属感,不断提高城镇的宜居指数和现代文明指数,让人在城镇中更好地生产生活,促进人的全面发展。

追求"公平正义"。新型城镇化的目的不是改善城镇中一部分人的生活,而是力求改善包括农村进城务工人员在内的城镇所有人的生活,正如《国家新型城镇化规划(2014—2020年)》指出的那样,"有序推进农业转移人口市民化,稳步推进城镇基本公共服务常住人口全覆盖","使全体居民共享现代化建设成果",①努力创造宜人的生产生活环境,提高城镇原住居民和农业转移人口的生产环境和生活品质,实现人的无差别发展。

重视"人的全面发展"。新型城镇化强调的"人本",不仅仅是解决人们的户籍问题,也不仅仅是解决人们的"活路"问题、保障问题,还如《国家新型城镇化规划(2014—2020年)》要求的那样,要"不断提高人口素质,促进人的全面发展"②,使其能参与城镇化现代化进程,充分发挥其主观能动性,鼓励其心向高远并努力搭建平台助其彰显社会价值、实现更高的人生追求。

(二)注重"统筹"

传统城镇化重"城"轻"乡"、重"表"轻"里"、重"形"轻"神"、重"量"轻"质",新型城镇化则力求改变这种情况。

强调"四化"同步发展。传统城镇化是"单兵突击"式的城镇化,新型城镇化则强调与工业化、信息化、农业现代化"四化"并进、同步发展。城镇化是工业化的"加速器",是信息化的"载体",是农业现代化的"引擎","四化"深度融合同步发展可以形成良性互动,激发合力,互促互进,产生更好的发展效果。

注重城乡融合发展。传统城镇化的政策明显向城镇倾斜,农村难免受伤、农业难免受挫、农民利益难免受损,导致发达的城市与凋敝的乡村并存。新型城镇化则强调城乡统筹发展。《国家新型城镇化规划(2014—2020年)》明确

---

① 《国家新型城镇化规划(2014—2020年)》,人民出版社2014年版,第16页。
② 《国家新型城镇化规划(2014—2020年)》,人民出版社2014年版,第16页。

要求"推动城乡发展一体化"①;2016 年《国务院关于深入推进新型城镇化建设的若干意见》(国发〔2016〕8 号)发布,强调新型城镇化要"辐射带动新农村建设";2017 年党的十九大更是提出"城乡融合发展"②,一边推进"新型城镇化"一边"振兴乡村"〔2018 年中央一号文件即是《中共中央国务院关于实施乡村振兴战略的意见》,同年 9 月,中共中央、国务院更是印发了《乡村振兴战略规划(2018—2022 年)》〕,促进城乡要素平等交换、公共资源均衡配置,努力营建以工促农、以城带乡、工农互利互惠、城乡融合发展的新型工农关系、城乡关系,推进城乡共同发展共同繁荣、互补互促相得益彰。

要求大中小城市和小城镇协调发展。2002 年,党的十六大提出"走中国特色的城镇化道路"③;2007 年,党的十七大进一步补充为"按照统筹城乡、布局合理、节约土地、功能完善、以大带小的原则,促进大中小城市和小城镇协调发展"④;2012 年,党的十八大强调"科学规划城市群规模和布局,增强中小城市和小城镇产业发展、公共服务、吸纳就业、人口集聚功能"⑤。2014 年,《国家新型城镇化规划(2014—2020 年)》发布,更是明确要求"增强中心城市辐射带动功能,加快发展中小城市,有重点地发展小城镇",总之要"促进各类城市协调发展"。⑥ "城镇化"不是"都市化","都市化"也不符合"乡土中国"的大农村特色,只有因地制宜,实事求是,扬长避短,走适合中国特色的城镇化道路,建设发展才能事半功倍,才能取得更好的效果。

重视城镇要素均衡发展。城镇化固然要圈地扩容,固然要盖楼建房,固然要转移农民进城,但是,城镇化绝不等于"造城",绝不等于"房地产化",也不

---

① 《国家新型城镇化规划(2014—2020 年)》,人民出版社 2014 年版,第 62 页。
② 习近平:《决胜全面建成小康社会 夺取新时代中国特色社会主义伟大胜利——在中国共产党第十九次全国代表大会上的报告》,人民出版社 2017 年版,第 32 页。
③ 《江泽民文选》第三卷,人民出版社 2006 年版,第 546 页。
④ 《胡锦涛文选》第二卷,人民出版社 2016 年版,第 632 页。
⑤ 《胡锦涛文选》第三卷,人民出版社 2016 年版,第 630 页。
⑥ 《国家新型城镇化规划(2014—2020 年)》,人民出版社 2014 年版,第 35 页。

等于"农民进城"。真正的城镇化——或者说我们追求的新型城镇化,要强"城"兴"镇",要实现"人口城镇化"——不仅户籍城镇化、保障城镇化,还应生产方式、生活方式、思维方式城镇化,必须有产业支撑,有相应的人居环境、基础设施、公共服务等。只有城镇要素协调发展,城镇才是宜居之所,才能让生活更美好。

促进物质和精神一起发展。传统城镇化时期,一些人简单地片面地将城镇化等同于城镇扩大、农民进城,其实城镇化工程浩繁而艰巨,需要做的工作远不止于此,还必须强壮功能、改善服务,还必须保障有力、解民烦忧,还必须同城同待遇,还必须城乡公平均衡发展……以上种种都还不够,城镇化还必须要人的思想精神城镇化,要转变思想、转变观念、与时代同进步,在转变生产方式的同时转变生活方式、转变思维方式,不断提高素质修养,不断走向文明进步,不断促进人的全面发展。

(三)追求"可持续"

传统城镇化以"摊大饼"、高消耗、城市要素供给不可持续为特征,新型城镇化则必须可持续发展。我国北方"沙尘暴"、中东部地区持续出现的雾霾天气给传统城镇化敲响了警钟,我们必须转变城镇发展方式,必须由"外延式扩张"转为"内聚式发展",必须走集约、智能、绿色、低碳的新型城镇化道路。

强调守卫耕地。耕地保护关乎中国粮食安全,关乎中国农业稳定,关乎中国国计民生。但是随着城镇化的推进,很多地方不能很好地处理城镇化与粮食生产的矛盾,不断挤占耕地。1999—2001 年,我国粮食连续 3 年减产,2002年虽增长 1%,仍然产不应需(供不应求),2003 年粮食产量继续下落,有鉴于此,2003 年 10 月党的十六届三中全会提出实行最严格的耕地保护制度,要求"按照保障农民权益、控制征地规模的原则,改革征地制度,完善征地程序"①,

---

① 《中共中央关于完善社会主义市场经济体制若干问题的决定》,《人民日报》2003 年 10月 22 日。

保证国家粮食安全。2005年,国务院办公厅还下发《省级政府耕地保护责任目标考核办法》,明确规定各省、自治区、直辖市人民政府对本行政区域内的耕地保有量和基本农田保护面积负责。之后虽然粮食产量逐年有所回升,但耕地逐年减少客观存在,粮食安全威胁客观存在。表2-1便是根据国家统计局历年统计公报数据整理的粮食产量情况,图2—1则是根据原国土资源部公布的《2008年国土资源公报》《2014年国土资源公报》整理出的我国2001—2013年的耕地变化情况:

表2-1 1999—2013年粮食产量情况

年份	粮食产量(万吨)	比上年增产率(%)
1999	50800	—0.8
2000	46251	—9
2001	45262	—2.1
2002	45711	1
2003	43067	—5.8
2004	46947	9.0
2005	48401	3.1
2006	49746	2.8
2007	50150	0.7
2008	52850	5.4
2009	53082	0.4
2010	54641	2.9
2011	57121	4.5
2012	58957	3.2
2013	60194	2.1

面对如此土地保护形势,新型城镇化特别强调保护耕地。2008年,国务院印发《全国土地利用总体规划纲要(2006—2020年)》,提出全国耕地保有量到2010年保持在18.18亿亩、2020保持在18.05亿亩。2012年3月,国务

(单位：亿亩)

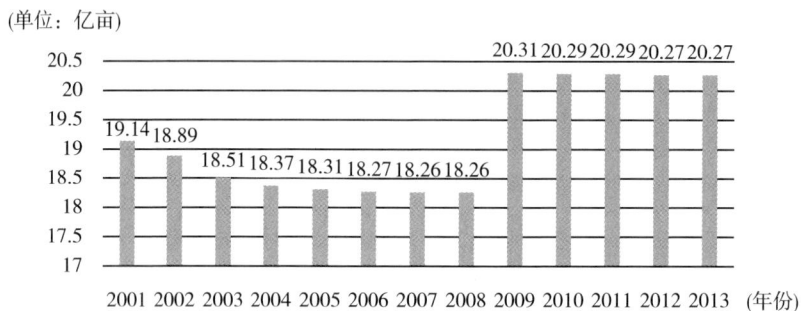

图 2-1　2001—2013 年耕地变化情况

院批准了《全国土地整治规划(2011—2015)》,要求"十二五"期间确保全国耕地保有量保持在 18.18 亿亩。2014 年公布的《国家新型城镇化规划(2014—2020 年)》继续强调"严守耕地保护红线,稳定粮食播种面积"①。2015 年 5 月,中央农村工作领导小组办公室、国土资源部、农业部召开视频会议,要求"像保护大熊猫一样保护耕地"②。2017 年初,中共中央、国务院印发《关于加强耕地保护和改进占补平衡的意见》,进一步完善了耕地保护制度,并明确了各级政府的主体责任,提出"两个决不能"——已经确定的耕地红线决不能突破,已经划定的城市周边永久基本农田决不能随便占用,要求到 2020 年全国耕地保有量不少于 18.65 亿亩。

重视产城融合。"产城"关系主要表现为工业化和城镇化的关系。20 世纪 50 年代到 80 年代,一方面工业化进程早早开启("一五"计划就已起步),另一方面城乡"二元"管理使农村人口难以流入城镇,导致"城"滞后于"产"。"20 世纪 80 年代以后,随着我国改革开放不断推进,城镇化也大步前行,一些地方政府为了做大城镇化成绩,大量圈地,动员农民进城,又导致"产"滞后于"城"。这种片面而粗放的城镇化发展一直持续到 21 世纪初(见表 2—2)。新型城镇化强调产城融合:2014 年《国家新型城镇化规划(2014—2020 年)》强

---

① 《国家新型城镇化规划(2014—2020 年)》,人民出版社 2014 年版,第 64 页。
② 黄晓芳:《像保护大熊猫一样保护耕地》,《经济日报》2017 年 10 月 11 日。

调信息化、工业化、城镇化、农业现代化"四化同步"良性互动;2015 年《国家发展改革委办公厅关于开展产城融合示范区建设有关工作的通知》(发改办地区〔2015〕1710 号)发布,进一步强调要"进一步完善城镇化健康发展体制机制,推动产业和城镇融合发展,加快培育一批新的经济增长点或增长极,形成功能各异、相互协调补充的区域发展格局"。如此,一方面可以通过发展工业优化城镇功能,以产业带动城镇化;另一方面可以城镇支撑工业化,防止产业发展"超前城镇化"或"滞后城镇化",有效避免产业"空心化"和城镇"孤岛化",通过"产""城"良性互动,增加就业人口、推动农村进城人口市民化;同样通过产城融合发展,推动产业聚集并进而构建良好的产业生态体系,促进城镇化健康发展。

表 2-2　1949—2013 代表年份人口城镇化率情况①

年份	人口城镇化率(%)
1949	10.6
1955	13.5
1965	18.0
1975	17.3
1985	23.7
1995	29.0
2000	36.2
2005	43.0
2010	50.0
2013	53.7

　　注重保护生态。随着城镇化战略的推进,产业和人口规模性聚集,城镇经济迅速发展,但与此同时也带来严峻的环境问题:一方面,城镇化的物质消费

---

① 数据来自国家统计局历年国民经济和社会发展统计公报。

需求导致资源环境基础面临越来越大的压力、城镇化建设与生态承载力之间的矛盾越来越突出（空气污染、水资源短缺、生态功能退化、土地资源使用粗放低效等问题依然存在）；另一方面，城镇化的目的是为了让人们生活得更美好，而随着人民物质生活水平的提高，城乡居民对健康、绿色的生活环境需求越来越强烈，使得人口、经济与资源环境协调的问题越来越突出。因此，新型城镇化及时调整城镇化建设方向，2012 年党的十八大提出绿色发展、循环发展、低碳发展的理念，要求把生态文明建设放在突出地位；2014 年公布的《国家新型城镇化规划（2014—2020 年）》则将"生态文明，绿色低碳"明确为新型城镇化必须坚持的基本原则；2015 年中共中央、国务院出台《关于加快推进生态文明建设的意见》，要求"把生态文明建设放在突出的战略位置，融入经济建设、政治建设、文化建设、社会建设各方面和全过程，协同推进新型工业化、信息化、城镇化、农业现代化和绿色化……使蓝天常在、青山常在、绿水常在，实现中华民族永续发展"[①]，同年党的十八届五中全会明确提出"创新、协调、绿色、开放、共享"的新发展理念；2017 年党的十九大再次强调"坚持新发展理念"，"坚持人与自然和谐共生"，要求"树立和践行绿水青山就是金山银山的理念……像对待生命一样对待生态环境……实行最严格的生态环境保护制度……建设美丽中国，为人民创造良好生产生活环境，为全球生态安全作出贡献"。[②] 可见，党和政府对保护生态越来越重视，要求也越来越高、越来越严。

尤重传承文化。根据 2013 年统计公报，该年末全国总人口 136072 万人，其中城镇常住人口 73111 万人，占总人口比重 53.73%，城镇已经成为产业集聚、财富创造和人口聚集中心，但是也存在"自然历史文化遗产保护不力，城乡建设缺乏特色"[③]的问题，不少城镇历史遗迹消失，文化个性失落，"长"着

---

① 《中共中央 国务院关于加快推进生态文明建设的意见》，《人民日报》2015 年 5 月 6 日。

② 习近平：《决胜全面建成小康社会 夺取新时代中国特色社会主义伟大胜利——在中国共产党第十九次全国代表大会上的报告》，人民出版社 2017 年版，第 21、23—24 页。

③ 《国家新型城镇化规划（2014—2020 年）》，人民出版社 2014 年版，第 11 页。

相似的面孔，很难看到历史和文化对城镇性格的塑造，如此城镇，有数量欠质量、有建筑缺内涵、有产业无特色、有生活差品质、有物质乏乡愁，传统日渐瓦解，人心渐渐疏离……文化缺失成为城镇化不可回避的一大问题，正如《国家新型城镇化规划（2014—2020 年）》指出的那样："'建设性'破坏不断蔓延，城市的自然和文化个性被破坏。"①因此，新型城镇化强调文化传承，强调城镇化与文化双向互动、共同发展。《规划》明确指出中国特色新型城镇化是"文化传承"的城镇化，要求"文化传承，彰显特色。根据不同地区的自然历史文化禀赋，体现区域差异性，提倡形态多样性，防止千城一面，发展有历史记忆、文化脉络、地域风貌、民族特点的美丽城镇，形成符合实际、各具特色的城镇化发展模式"②，认为城镇化建设必须将文化传承与创新贯穿其始终，必须延续文化脉络，必须加强文化理念融入，必须加强文化素养提升，以文化繁荣推动城镇化进程，提升城镇文化品位。2017 年，中共中央办公厅、国务院办公厅印发的《关于实施中华优秀传统文化传承发展工程的意见》，更是表达了对传承中华优秀传统文化的热切期待。有对中华文化的传承、弘扬和发展，新型城镇才不仅有外貌而且有内涵、不仅有设施而且有温度、不仅有发展而且有个性、有特色、有记忆、有乡愁，才能使城镇变得更美好，使城镇居民的生活更美好。

三、文化于新型城镇化的意义

文化既是新型城镇化的重要组成部分，更是城镇化建设的重要保障和推动力量，是一个地区、一个城镇自信力、凝聚力、创造力、影响力的重要源泉。缺少文化，城镇化不仅是失衡的、不完整的，而且是后劲乏力、不可持续的，因此城镇化离不开文化，离不开文化城镇化要素的支持，离不开文化环境的滋养和引导。

---

① 《国家新型城镇化规划（2014—2020 年）》，人民出版社 2014 年版，第 11 页。
② 《国家新型城镇化规划（2014—2020 年）》，人民出版社 2014 年版，第 17 页。

（一）文化是城镇的灵魂生命

2014 年初，习近平在同各界优秀青年代表座谈时指出："一个没有精神力量的民族难以自立自强，一项没有文化支撑的事业难以持续长久。"[1]党的十九大报告指出："文化是一个国家、一个民族的灵魂。文化兴国运兴，文化强民族强。"[2]国家如此，城镇亦如此。

文化是城镇的"根"和"魂"。城镇不是各种建筑物、交通构筑物等物质的叠加，而是一个由多种元素、多种资源、多层结构构成的综合的复杂系统，是物质与精神的有机结合。在这个复杂的结合体中，物质层面的城镇如"身躯"似"形骸"，是文化的容器和载体，承载文化、保存文化、延续文化、展示文化；文化则是城镇的根本和灵魂，反映城镇的历史传统和地理特征，折射城镇居民的生活态度、价值观念、审美水准，体现城镇的精神风貌。文化对城镇的作用是内在的而非外在的，是长远的而非短暂的，体现着城镇的文明程度，体现着城镇的发展水平，体现着城镇的人文风尚。有文化，城镇才有生机，才有活力，城镇一旦缺失文化，则如同一个人没有灵魂，只是一具僵尸，没有精气神，没有生命力，没有发展前途，没有存在的价值。

文化是城镇的内在气质。美国城市规划学家沙里宁曾说城市是一本打开的书，从中可以看到它的抱负。城镇的抱负、城镇的内在气质从哪儿可以看到？回答只能是城镇的文化。我们对一个城镇进行评价和衡量的时候，关注的不仅仅是其发展的速度和规模，不仅仅是设施的先进性、功能的完备性、自然环境的优美度，更看重其拥有怎样的特色文化即气质特征和品位风骨，即要求城镇有精彩独特、内外兼具的文化特质与魅力，它是城镇"我之为我"的根本属性，是城镇之间的区别所在。比如提到江南，人们脑海中便会浮现出烟雨

---

① 《习近平谈治国理政》第一卷，外文出版社 2018 年版，第 52 页。

② 习近平：《决胜全面建成小康社会 夺取新时代中国特色社会主义伟大胜利——在中国共产党第十九次全国代表大会上的报告》，人民出版社 2017 年版，第 40—41 页。

水乡之美、婉约书卷之气；提起西北，人们则会联想到驼铃声声起、大漠孤烟直。虽然这只是笼统的整体的印象，但在一定程度反映了这个地区的文化特色、文化定位，而这个"特色"和"定位"又毫无悬念地深刻影响着这个地区的发展，它使城镇有内涵、有家乡的味道，有让人怀念让人回忆的元素，能摆脱"千城一面、千街一景"的"通病"。这样的城镇才有品质、有魅力、有令人向往的吸引力、有核心竞争力。

文化是城镇的发展动力。深厚的文化积淀凝聚着城镇发展的根本动力和源泉，它可以成为一种精神、一种力量、一种内在资源，对城镇的发展具有极大的导向作用和推动作用。城镇如果有文化，会更加爱护人的生命，会更加尊重人的尊严，会更加保障居民的权益，会提供更加优质的服务，会形成更加强大的"正能量"，使居民的生活更有品位、更有档次、更有质量，居民对其居住的城镇更容易产生认同感、归属感，能提振居民的精气神，激发居民的凝聚力向心力，从而增强城镇的竞争力、发展力和持久的魅力，不断提升城镇的品质，推动城镇成为适宜人居之所。反之，如果没有文化，城镇的发展便失去了动力，城镇的延续便丧失了活力，城镇的发展便没有后劲。

（二）文化是新型城镇化的必然诉求

既然城镇是文化的"形"，文化是城镇的"神"，城镇与文化不可分离，则城镇的发展和蜕变——无论是经济全球化浪潮下的转型，还是不断与日俱增的现代化变革，不仅需要物质空间的生产与更新，还需要城镇文化的传承与培育。只有与文化发展长相伴随的城镇发展，才是健康的、全面的、可持续的。新型城镇化更是如此，文化是新型城镇化的内在的必然诉求。

重视文化是新型城镇化的重要特质。新型城镇化之所以被冠之以"新型"，就是为了彰显与过往、与传统城镇化的不同。如果说传统城镇化重在圈地扩城，重在大兴土木，重在"硬件"设施，忽略了"文化"这个城镇的灵魂，以致城镇只有"形"没有"神"，只有钢筋水泥的堆砌、没有历史的传承和文化风貌的展示,只有农民进城、没有权益的充分保护,只有经济发展、没有文明的进步……那么,当前正在进行的新型城镇化最重要的特质便是重视文化。当下,文化影响比以往任何时候都更加广泛而深刻,正如 2011 年 10 月 18 日党的十七届六中全会通过的《中共中央关于深化文化体制改革 推动社会主义文化大发展大繁荣若干重大问题的决定》指出的那样:"文化越来越成为民族凝聚力和创造力的重要源泉、越来越成为综合国力竞争的重要因素、越来越成为经济社会发展的重要支撑,丰富精神文化生活越来越成为我国人民的热切愿望。"①可以说,文化建设如何将决定一个城镇的整体实力和竞争力、决定其经济社会发展速度、决定当地民众的精神风貌和向往追求,因此新型城镇化不光要实现"硬件"城镇化,还要实现"软件"城镇化,使城镇能传承历史,有明显地域特色,能反映这一个"城"这一个"镇"的人文气象,每一个城镇都因独特而不可代替,从而焕发强大的生机与活力,感召市民向上向善向高向好。

文化建设是新型城镇化的重要内容。以前,检验一个地区的"城镇化"水平,通常用城镇多少、城镇大小、常住人口占比、经济发展水平去衡量,这样其实失之于偏颇。新型城镇化是一项综合性的系统工程,由经济建设、政治建设、文化建设、社会建设、生态文明建设"五位一体"共同组成,五个元素相互联系、相互影响、相互作用,缺少一个,城镇化都是不完整的。其中,经济建设奠定基础:坚定不移地以经济建设为中心,大力发展经济,可以为政治建设、文化建设、社会建设、生态文明建设奠定坚实的物质基础。政治建设固元固本:积极发展社会主义民主政治,树立进步的政治观念、实施正确的政治行为和政治制度,可以充分调动人民群众的主动性、创造性,为新型城镇化的经济、文化、社会、生态文明建设提供坚强的政治保证。文化建设涤荡灵魂:培育和践行社会主义核心价值观,传承和弘扬优秀传统文化,大力发展文化事业和文化产业,可以为经济建设、政治建设、社会建设、生态文明建设提供强大的思想动

① 《中共中央关于深化文化体制改革 推动社会主义文化大发展大繁荣若干重大问题的决定》,《人民日报》2011 年 10 月 26 日。

力和智力支持。社会建设营建环境:社会建设是经济建设、政治建设、文化建设、生态文明建设在社会领域的综合体现,大力加强社会建设,着力发展社会事业,不断完善社会治理机制、社会整合机制、社会保障机制、利益矛盾协调机制、社会危机处理机制,可以为经济建设、政治建设、文化建设创造良好的社会环境。生态文明建设筑牢保障:以科学发展观为指导处理人与自然、人与人的关系,建设有序的生态运行机制和良好的生态环境,推动生产方式、生活方式变革,推动城镇绿色发展、低碳发展,不仅可以为城镇居民创造良好的生产生活环境,让城镇成为人们的宜居之所,更重要的是能够实现城镇的可持续发展。随着城镇化建设的不断推进,人民群众的物质生活需求不断增长的同时,其他方面的更高层次的需求包括政治权益、文化权益、社会权益、生态环境等需求也不断增长,人们从"盼温饱"到"盼环保"、从"求生存"到"求生态",生态文明理念正在深入人心,只有坚持"五位一体"全面建设、协调发展,才能推动形成经济富裕、政治民主、文化繁荣、社会公平、生态良好的发展格局,才能推动我们的城镇化建设健康发展。

文化建设是新型城镇化的内在需要。这个问题,从三方面可以见得:其一,鲜明的文化特色是新型城镇的独特魅力。文化既是一个城镇独一无二的印记,更是这个城镇的精髓所在、价值所在、生命力所在。独具特色的文化,承载着城镇的历史风骨,展示着城镇的地理风貌,体现着城镇的性格和品位,是一个城镇魅力的集中反映。如果说一座城市的绿化、亮化、美化情况反映出该城镇的外在美,那么,一个城镇的文化特色、文化氛围和文化魅力,则体现出一座城市的内在美。只有"有文化"的城镇,才能延续城镇的文脉,才能传承城镇的精神,才能避免"千城一面"的尴尬、"千街一景"的悲哀,才能给人留下深刻的印象,才能有强劲的生命力,因为越是民族的越是国际的,越是独特的越是令人神往的。其二,均等的基本公共文化服务是新型城镇的重要标志。新型城镇化的一个显著特点,就是城乡统筹,就是实现城乡之间包括基本公共文化服务在内的基本社会服务均等化。因此新型城镇化建设不仅要建标准化的产业园区、漂亮的新型社区、完善的交通路网,还必须有图书馆、文化馆、博物馆、展览馆、书店(书屋)、电影院等基础设施,有文化乐园、主题公园、娱乐中心、俱乐部、体育馆、文化室等文化活动场所,提供充分体现基本性、公益性、均等性、便利性的公共文化服务。缺少了均等的基本公共文化服务,人民群众没有基本的文化活动场所和设施,基本文化权益没得到充分保障,精神文化生活贫乏,"城镇化"就是不全面的、不成功的。其三,文化力是新型城镇的重要实力。新型城镇的竞争,绝不仅仅是经济实力的竞争,更是文化实力的竞争,城镇的能源、交通、制造、房地产开发、资本等"硬实力"固然重要,文明、道德、教育、科技等来自文化的"软实力"更不可轻视,它们决定了这个城镇的居民的素质能力和思想境界,决定了这个城镇的品质品位和精气神,决定了这个城镇的人文环境和人文风貌,决定了这个城镇的凝聚力、吸引力、辐射力、影响力、创造力、发展力,决定了这个城镇的综合实力和与外界的竞争力……毫不夸张地说,城镇化的未来必将以城镇文化论输赢。因此,新型城镇化必然重视文化建设,文化必然是新型城镇化的内在诉求。

(三)文化是新型城镇化健康前行的必要保障和推动力量

文化不仅是新型城镇化的必然内容,是城镇建设的综合反映,还是新型城镇化健康前行的必要保障和推动力量。

文化为新型城镇化提供精神引领。人的行为受人的思想支配,人的思想和精神自觉不自觉地受文化的引领。人类社会历史发展的经验教训告诉我们,文化对人的影响和引领虽润物无声却能滴水穿石,"没有先进文化的积极引领,没有人民精神世界的极大丰富,没有民族精神力量的不断增强,一个国家、一个民族不可能屹立于世界民族之林"[①]。因此在新型城镇化建设中,我们要有意识地加强文化建设,不仅要促使进城农民解放思想、转变观念,还要

---

① 习近平:《在文艺工作座谈会上的讲话》,人民出版社 2015 年版,第 5 页。

不断建立健全城镇基本公共文化服务体系,不断促进城镇基本公共文化服务均等化,不断丰富包括城镇原住居民和新进城人员在内的所有居民的精神世界来增进人们的精神营养、增强人们的精神力量,以文育人、以文化人,引导人们以全面的、辩证的、发展的眼光看待新型城镇化、看待发展中的社会主义,从而牢固树立正确的世界观、人生观和价值观,坚定对社会主义、共产主义的信念,增强民族自尊心、自信心、自豪感,为新型城镇化建设提供强有力的思想保证。反之,如果缺少文化的正向引领,人们缺少正确的精神导向和精神激励,我们的新型城镇化建设可能因缺少人民群众的内心认同和行动推动以致发展乏力,道路可能越走越窄甚至偏离方向,最终会影响我们目标愿景的顺利实现。

文化为新型城镇化提供智力支持。城镇化的核心是人的城镇化。人的城镇化并非农民进城、由农转工便算完成,而是由农民向市民、由老市民向新市民的"蝶变",是对现有生产生活的一次质的提升,"新居民"在价值观念、行为方式、就业能力、文明素养等方面与产业相适应、与环境相协调、与发展相同步。需要完成生产方式、生活方式、思维方式、行为模式乃至人生观、价值观的转型,需要知识的丰富、能力的增强、素质的提升才能完成。可以说,在新型城镇化进程中,要影响和改造人们的"三观"、要拓展人们的知识面改善人们的知识结构、要切实提升人们的工作能力、要提高人们的素质修养,就必须依靠文化推动,必须依靠文化的浸润、熏陶、影响甚至改造,文化的作用不可或缺也不可替代。通常情况下,哪个地方有文化、人文素质高,那个地方就能经济繁荣、就能政治稳定、就能社会和谐,因此党的十八大报告明确要求"扎实推进社会主义文化强国建设"①,十九大报告也在强调"激发全民族文化创新创造活力,建设社会主义文化强国"②。新型城镇化建设必须重视文化,重视文化

---

① 《胡锦涛文选》第三卷,人民出版社 2016 年版,第 637 页。
② 习近平:《决胜全面建成小康社会　夺取新时代中国特色社会主义伟大胜利——在中国共产党第十九次全国代表大会上的报告》,人民出版社 2017 年版,第 41 页。

建设,更多地关注文化,关注文化民生,重视基本公共文化服务的均等化、普遍化、大众化,带动当地教育、科技、卫生等事业发展,增长人们的知识,提高人们的素质,增强人们的能力,丰富人们的精神文化生活,增强人们的文化自觉、自信,激发人们的能动性和创造力,为包括新老居民在内的所有人谋业、就业、创业提供智力支持。可见,保障人民的基本文化权益就是建设文化民生,就是对新型城镇化的有力推动;相反,如若缺少对文化作用的重视,忽视对人民群众文化权益的保障,就难有文化带来的强有力的智力推动,新型城镇化就会因建设推动乏力而受到制约和影响。

义化为新型城镇化提供产业支撑。文化不仅能给人带来精神财富,而且能推动当地产业发展。随着城镇化加速推进,随着人们的物质需求不断被满足,整个社会对精神的需求会凸显,文化商品会成为社会需求。根据国际惯例,恩格尔系数达到30%—50%时,整个社会对文化产品的需求将蓬勃高涨。在美、英、日等发达国家,文化产业的附加值远远超过了制造业和金融业,美国好莱坞大片的利润早就超过了波音公司,日本动漫产业早就是该国的支柱型产业。早在 2006 年,日本的 GDP 是 49100 亿美元,文化产业产值约为 14700 亿美元,约占 GDP 的 30%;美国的 GDP 是 132200 亿美元,文化产业的产值即为 26400 亿美元,占 GDP 的 20%左右。2011 年,我国文化产业总产值占 GDP 比重首次超过 3%,达到 3.28%,而同样在当年,美国文化产业占 GDP 的比重为 25%,英国文化产业产值占 GDP 总量的 15%。有国外专家研究认为,GDP 达到人均 1000 美元,国民的文化需求会明显上升。从表 2-3 中可见我国的人均 GDP 从 2003 年起就超过了 1000 美元,如果按这个标准,目前我国国民对文化的需求可以说相当迫切。

表 2-3 2001—2012 年国民经济发展情况①

年份	国内生产总值(亿元)	年末大陆人数(万人)	人均GDP(元)	当年末1美元兑换人民币(元)	人均GDP(美元)
2001	95933	127627	7517	8.3	906
2002	102398	128453	7972	8.3	960
2003	116694	129227	9030	8.3	1088
2004	136515	129988	10502	8.3	1265
2005	182321	130756	13944	8.1	1721
2006	209407	131448	15931	7.9	2017
2007	246619	132129	18665	7.5	2489
2008	300670	132802	22640	6.8	3329
2009	335353	133474	25125	6.8	3695
2010	397983	134100	29678	6.6	4497
2011	471564	134735	34999	6.3	5555
2012	519322	135404	38354	6.3	6088

由于我国城镇化的背景与欧美国家不同,是随着经济体制改革,大量农村人口走向城镇的过程,是生产要素和商品打破壁垒自由流动从而形成全国统一市场体系的过程,是推动产业结构转型,使人与环境、产业与生态、资源与效益协调发展的过程,文化产业作为经济、文化、技术等相互融合的产业类型,作为知识密集、智力密集、技术密集、创意密集的现代产业,不仅科技含量高、环境污染小,而且产业相关度高、带动性强,能以几十倍、几百倍的增幅升值产品价值,还能通过与旅游、制造、交通、房地产等行业的渗透融合,促进产业转型,推动产业集约化、生态化、可持续发展,推动城镇产业从粗放型、资源消耗型、低附加值型转向科技型、效益型、集约型,使城镇更加宜居、宜业,推动新型城镇化健康发展,其经济效益和社会效益都潜力巨大。

文化为新型城镇塑造良好形象。城镇形象是"城镇功能"与"城镇美感"的综合反映。"城镇功能"主要表现为道路是否发达、交通是否通畅、管理是

① 根据国家统计局历年国民经济和社会发展统计公报整理。

否合理、服务是否到位等,"城镇美感"主要表现为城镇是否有较好的自然环境、人文环境,是否个性鲜明、是否宜居,居民是否文明礼貌、是否有素质有教养,以及社会风气、社会秩序如何等。城镇形象既有对城镇的物质感受,也有对城镇的精神体悟。通常情况下,一座城市的文化含量越高,它的知名度、美誉度和影响力就愈大,对世界、对人们的吸引力就愈强。需要说明的是,一个城市的魅力,不仅仅源于它拥有多少文化资源,更重要的是它释放了或者说让人们感受到了多少文化内涵。比如杭州"拆墙透湖(西湖)"、把城市的最美展示给世界之举广受人们赞扬,虽然他们少了门票收入,却使人们得以随时浏览一幅幅流动的美好的城市风情画,人们对杭州的印象美好而深刻,去过的人都交口称赞,杭州的城市形象大大受益,并因此带动了全城的旅游经济。难怪人们感叹:哪里有人,哪里就有文化;哪里的文化建设好,哪里的经济社会就繁荣、人气就旺,发展就好。因此新型城镇化建设需要大力建设文化,通过对基本公共文化服务的完善,对文化活动的组织,对文化产品的开发,对城镇文化环境、文化氛围、文明风尚的营建,塑造城镇良好形象,增强城镇的凝聚力、吸引力、影响力、发展力、竞争力,给新型城镇化建设和发展注入活力、带来动力。

(四)文化是新型城镇化聚人固本的精神纽带

"文化"来源于"人化",其功能主要是"化人"。文化对人的影响无处不在,不仅能给人智慧、给人力量,还是凝聚众人维系根本的精神纽带,新型城镇化必须重视这条"纽带",凝聚民心,固本发展。

文化凝聚人心。新型城镇化为了谁?为了人,为了人民群众,为了人民群众过上更好的生活。新型城镇化依靠谁?依靠人,依靠人民群众,他们才是新型城镇化建设的主力军。"人民,只有人民,才是创造世界历史的动力。"[1]新型城镇化的实现,需要发挥人民群众的强大力量,需要充分调动人民群众的主

---

[1] 《毛泽东选集》第三卷,人民出版社 1991 年版,第 1031 页。

动性、积极性、创造性。怎样才能实现? 必须借助文化的力量。只有人民群众心往一处想,劲往一处使,城镇才能得到强劲的发展,新型城镇化才能早日实现。如果十人十条心,就不能形成"合力",众人之力就小于个体力量之和甚至小于个体之力。比如,在城镇化建设中,有人清醒地认识到"要金山银山,更要绿水青山",而有人却固守"环保不如财宝"的观念,如果后者占上风,该地的建设便是在慢性自戕,是在断自己的后路、断子孙的生路。可见形成正确的共识凝聚人心之重要,而文化的作用正在于此。

文化指引方向。马克思曾经指出,社会生活中存在着两种生产力——物质方面的生产力和精神方面的生产力。文化兼具两种属性但主要是精神方面的生产力。当前正处于城镇化的关键时期,我们需要思考以什么样的精神状态来引领新一轮发展、以什么样的价值取向凝聚各方力量、推动城镇以什么样的形象展现于世人面前,毕竟对于城镇的发展,器物可以照搬、技术可以模仿、管理可以参照,文化却是熔铸于城镇灵魂的精神血脉之中,不仅无法复制,而且决定着城镇的方向和未来。因此,我们需要抓文化,抓思想,抓意识形态,以文化的力量引导人们树立正确的人生观、价值观、建设观、发展观,以共同的愿景、共同的追求、共同的理想凝聚城镇共同的价值认同,构筑牢固的精神纽带,增强市民的归属感、参与感,使广大市民形成一个朝气蓬勃的力量而不是乌合之众般的"散兵",朝着新型城镇化目标奋发努力,相反,倘若没有文化的积极引领,没有步调一致的推动力,没有广大民众自觉喷发的建设能动性,我们的新型城镇化建设步伐便会受到很大的影响。

文化关乎民族安全。当前,西方文化东渐明显,往好处说,中西文化正在碰撞、正在交融;往不好处讲,西方文化来势猛烈,其价值观念随之输入,我们的文化安全正在接受严峻的考验。西方有人已经提出,在与社会主义的斗争中,最终起作用的不是军事武器,而是思想,是文化。因此我们的城镇化不能停留于经济、止步于物质,而应当关注人心,关注文化,一方面要增强与外界的交流,学习他们的优长,提升自己的素养;另一方面要传承和弘扬我们引以为

傲的优秀传统文化,护卫并光大我们骨子里的"宝贝"。换言之,在中西文化
激荡中,我们既要学习借鉴,又不能够邯郸学步东施效颦,要守住中华文化这
个"我"之为"我"的"根本",将自身文化不断做大做强,推动中华民族更好更
强地屹立于世界民族之林。

第三章　经验借鉴：文化推动
城镇化的成功案例

传统城镇化存在城乡两极对立、区域发展不平衡、产业结构不合理、生态环境恶化等诸多弊端，从根本上说是城镇化进程中人与自然、人与人、精神与物质等各种关系失谐，其中一个重要原因是文化被严重忽略。从国际上看，在 20 世纪的快速城镇化进程中，一些国家出现过忽视文化遗产保护、抛弃文化传统的问题，结果使得已经出现的各种城市病更加严重，使得历史记忆、地方特色成为"稀罕物"，留下了深刻的教训，也有国家坚守历史传统、保护民族文化，发展文化产业、提升公共文化服务水平，用文化建设弥补了经济建设、社会建设的缺憾，走出了具有本国特色的城镇化道路。就我国而言，20 世纪 80 年代以来出现的城镇化问题与国外大体相似，文化的保护建设与城镇化的物质形态建设时常对立，以致在发展中顾此失彼，但也有相对做得比较好的地方。2014 年《国家新型城镇化规划（2014—2020 年）》明确提出"新型城镇化战略"。要实现科学发展，走"新型城镇化"道路，必须面对文化的困境，而国内外城镇化的成功经验可以给我们有益的启示。

一、国外案例

有文化的支撑,城镇化建设更顺利、效果也更好。墨西哥首都墨西哥城严格保护文化遗产,融汇古今文化于一体,丰富了城市的文化底蕴,创造了旅游奇迹。法国西部城市南特利用独特的造船工业遗址,发展文化创意产业,成功地实现了城市转型。英国首都伦敦实施文化战略,以文化协调城市布局与发展,全面提升了城市的品质。瑞士西部城镇沃韦依托雀巢公司,发展饮食文化旅游,打出了特色小镇品牌。日本关西文化学术研究都市建设实现了城市之间错位发展、互补共赢。韩国新村运动充分调动本国的文化资源,发扬民族的文化精神,推动了本国的城镇化进程,保持了区域之间发展的平衡。

(一)文化遗产保护促进墨西哥城发展

墨西哥城位于墨西哥中南部高原的山谷中,海拔 2240 米,面积 1500 平方公里,人口 2200 多万人,是世界上海拔最高的都市区,也是西半球人口最多的都市区。墨西哥城的历史非常悠久,它曾是美洲三大古文明之一的阿兹特克文明的发源地。根据传说,阿兹特克人的祖先原先生活在北方一个叫阿兹特兰的地方,他们遵照太阳神的指示,向南迁徙到阿纳华克谷地的特斯科科湖附近。当他们来到湖中央的岛屿上时,看到一只叼着蛇的老鹰停歇在仙人掌上,这个意象告诉他们应在此建城。于是,他们填湖造田、筑堤修路,在 1325 年建立起一座巨大的水上城市——特诺奇蒂特兰(以他们当时的首领特诺奇命名)。在阿兹特克全盛时期,这座城市非常繁华,有宏伟的宫殿和神庙、宽阔的大道和运河,居民多达 30 万之众。[①]

---

① 参见[美]迈克尔·C.迈耶、威廉·H.毕兹利编:《墨西哥史》,复旦人译,东方出版中心2012 年版,第 90 页。

1519—1521 年,西班牙殖民者侵入阿兹特克,围困并最终毁灭了特诺奇蒂特兰城。1524 年,他们在废墟上建立起一座欧式风格的新城——墨西哥城,中心是中央广场(今宪法广场),周围是国家宫、市政厅、教堂与修道院,此外是呈棋盘状分布的庭院与道路。这里是新西班牙总督(管辖北美洲大部及菲律宾)的驻地,也是新大陆的中心。1821 年,墨西哥摆脱了殖民统治,经过独立后的历届政府的规划与建设,现代化的新首都展现在世人面前。所以今天的墨西哥城融合了三种文化的元素:既有土著文明的遗址,又有西班牙时代的教堂,还有高大的现代建筑。①

20 世纪 60 年代以来,墨西哥政府颁布了一系列保护古城区的法令:凡是玛雅时代、托尔蒂克时代、②阿兹特克时代的考古文物遗存,一律严加保护、看管,任何人不得破坏或改变其原来的历史面貌。墨西哥城东部、东北部的老城区因此得以完整地保留下来。像东北郊的特奥蒂瓦坎古城遗址,占地面积达 2000 公顷,有太阳金字塔、月亮金字塔、雨蛇神庙等众多古迹,绝大部分至今尚未开发。不仅如此,政府还一再出资维护古城,并在附近修建了与遗址风格一致的博物院。

对于城市中心地带,墨西哥政府采取宏观把握的态度,沿袭历史形成的格局,协调不同时期的建造风貌,保留重要的历史文化街区——如起义者大街、改革大道、华雷斯大道。而墨西哥城的西部、南部规划为新城区,允许拉美大厦、墨西哥饭店等摩天大楼巍峨耸立;西北郊设计成工业带,安置冶金、电力、化学、汽车、纺织、食品等各种工厂,支撑城市的经济发展。在微观方面,墨西哥政府修建了众多的各具特色的博物馆、纪念馆、纪念碑,增加了城市的文化价值。被称为"城市绿色心脏"的查普特佩克公园就有

---

　① 　参见张家哲:《墨西哥城:多文化融合与交汇之都》,《社会科学文摘》2003 年第 3 期。

　② 　玛雅文明是公元前 16 世纪—公元 16 世纪分布于墨西哥东南部及危地马拉、洪都拉斯雨林地带的土著文明。托尔蒂克文明是公元 9—12 世纪分布在墨西哥中部高原地带的土著文明。

人类学博物馆、历史博物馆、现代艺术博物馆、自然博物馆、工艺博物馆等好几座有名的博物馆,构思奇巧、样式别致,充满印第安文化气息,令人陶醉不已。[①]

墨西哥的文化遗产保护政策取得了良好的效果:第一,1987年,墨西哥城历史中心得到联合国教科文组织的认可,整体纳入世界遗产名录,成为少有的几个世界历史文化名城之一,极大地提升了城市知名度。第二,2011年,来墨西哥旅游的外国人达到2270万人,墨西哥成为拉美第一大旅游国、世界十大旅游国之一,旅游收入十分可观。第三,丰富的文化遗产是生动的历史教材,增强了墨西哥人的民族自豪感,激发了他们的爱国热情,弘扬了他们的民族精神。

这对我国一些历史文化名城保护提供了有益的借鉴:首先,文化遗产的文化价值远远大于它的商业价值,文化遗址区必须保持真实性、纯洁性,避免过度修复和商业开发;其次,文化遗产的利用不能以损害为前提,保持原先的用途为最佳,如若不能应当建立博物馆;再次,文化遗产的保护是一项系统工程,既要保护旧建筑的历史风貌,也要保护古城、古街的历史格局,还要保护相关的历史环境;最后,文化遗产的保护也是一项长期工程,管理得当的文化旅游可以为前者提供持久动力。

(二)工业遗产改造推动法国南特市复兴

南特市是法国第七大城市,位于法国西部,地处爱特河和卢瓦尔河交汇处,是大西洋卢瓦尔省的首府。由于南特地理位置优越,早在公元前58年,高卢罗马人就在此开辟了港口,并修筑了城墙。13世纪,布列塔尼大公推倒了旧城墙,建造了新城墙,城区面积扩大了1.6倍。16世纪末,城市发展突破了

---

① 参见赵长华:《墨西哥城——一个融传统文化与现代文明的国际旅游城市》,《旅游科学》1995年第4期。

城墙的限制。17世纪末,南特人口达到4万人,城市构架基本成型,道路狭窄,路网密集,城市的中心是圣埃尔和圣保罗大教堂、公爵城堡等著名的建筑。18、19世纪,南特岛造船工业兴起,城市得到长足的发展,呈现空前繁荣的局面。但是,进入20世纪70年代,圣-纳扎尔市凭借更优越的地理位置,逐步取代南特市成为新的造船工业中心。1987年,南特岛最后的造船厂关闭,城市趋于衰败。①

　　20世纪80年代末,随着南特城市发展的需要,以及对工业遗产保护的逐步重视,政府制定南特岛复兴计划。南特岛作为老的造船基地和重要港口,岛内存留了许多工业遗迹,除了造船厂和仓库,还有很多因生产流程的需要而建设的建筑物或机械设备等。这些遗存既是历史的实证,也是工业遗产中最有特色的内容。在南特岛滨水区景观整合和重塑时,设计师就将这些遗迹充分进行了保留。滨水区内保留了龙门吊车、货运铁轨、枕木等工业遗迹,这些遗迹有些与新设置的绿化和铺装融为一体;有些放置在滨河区域的节点空间成为新的功能场地,如码头的旧仓库被改造成露天茶座;还有些工业废旧物品或材料在回收后经过设计师重新设计成为场地的景观小品或设施,如滨水区域的座椅、路缘、栏杆或步行桥;等等。

　　更为重要的是复兴计划还对大量的工业遗产做了改造和利用,以弥补传统工业城市在建筑风格和美学魅力上的缺失。以南特造船厂厂房为例,该厂房原结构为混凝土框架结构,内部空间高敞,略加改造变成南特岛机械工作室及展览中心,成为艺术家和工程师的创意空间。2005年,在场景设计师富朗索瓦·德拉豪兹叶赫和皮埃尔·奥赫菲斯的建议下,展览中心启动了一个名为"岛屿机械"的新的城市景观项目,建造了一批充满蒸汽朋克风格的机械动物,这些遗迹时时刻刻让人联想起南特岛作为重要机械制造地的历史,而"岛屿机械"计划刚好与其历史一脉相承。展览中心不仅可以参观和游览,还能

_____

　　①　参见同济大学建筑与城市规划学院编:《城市更新与设计研究》,中国建筑工业出版社2010年版,第286页。

提供休闲、娱乐服务,带动了相关配套产业的发展。①

法国南特城市复兴可以说是传统工业城市成功转型的经典案例,同一时期美国、英国、德国、日本等西方发达国家的同类城市都经历了相似的过程:城市经济结构重组,第三产业取代制造业成为主要的经济部门;城市社会问题日益突出,改善环境、适宜居住成为首要任务;城市建设方式不再是简单的"摊大饼",而是注重建成区的整合与管理。

我国虽然还在工业化的进程之中,但一些资源枯竭、产业结构升级的城市也面临类似的问题,可以从这些成功案例中获得经验和启示。首先,工业城市的转型方案需要广泛征求意见,谋求地方政府、社区居民、专家学者与开发商的共识与合作,避免单边决策失误的风险。其次,工业城市的历史记忆要完整地保存,废旧的厂房、仓库、码头等旧工业建筑也是宝贵的文化遗产,应通过功能转化、空间重组、局部替换、扩建加建等方式加以利用、保护。再次,文化产业特别是艺术创意产业可以形成完整的产业链,有效弥补制造业撤退造成的空缺,恢复城市经济的活力。最后,工业城市遗留的环境问题也是治理的重点,在进行生态化改善的同时,还可以通过"样本"展示的方式,进行直观、生动的环境保护教育,让人们更加全面、客观地认识工业文明。

(三)文化战略提升英国伦敦城市品质

伦敦是英国首都,是欧洲最大的城市,是曾经的世界工业和金融中心。最近的几十年,它完成华丽转身,成为公认的多元文化之都,继续保持全球顶尖城市的地位。伦敦还是当代艺术和文化创意产业的中心,博物馆、剧院数量名列世界前茅,文化范畴从古典到草根,多元化和兼容性称冠全球。而这与伦敦市政府的努力是分不开的:自2004年以来,他们先后制定并实施了《伦敦:文

---

① 参见世界华人建筑师协会城市特色学术委员会编,吴伟主编:《城市特色:历史风貌与滨水景观》,同济大学出版社2009年版,第58页。

化之都——发掘世界级城市的潜力》《文化大都市——大伦敦市长 2009—2012 年的文化重点》《文化大都市区——大伦敦市长的文化战略:2012 年及以后》等一系列文化战略,①在现有的多元文化、引领世界的文化创意产业、聚集国际文化人才的基础上,以文化引导和协调城市发展、空间建设和环境营造为动力,继续保持城市长期的竞争力。

重视文化创意产业。伦敦市政府目标是将住房、改造、环境、经济等重要议题综合处理,以文化为路径贯穿伦敦的发展策略和规划。政府的策略是进行专门的研究和规划,为艺术家提供合适的创作空间和场所,推动文创产业的发展,避免功能单一化,保持城市发展的活力。2011 年,伦敦市政府邀请文化组织、文创产业的代表,以及一些知名的文化学者、艺术家,专门探讨城市规划和建设中如何保持文化优先的问题。

保护文化遗产和城市景观。伦敦丰富的历史遗产及其城市景观是城市文化和形象的重要组成部分,它们的价值不仅在于遗产个体,更在于它们所形成的整体风貌和体现的历史积淀。伦敦市政府一方面通过规划让市民了解、珍惜并保护文化遗产和城市景观(为此政府邀请专家、学者、社会团体、居民等共同商讨城市历史保护策略和规划);另一方面,组织相关的文化项目和活动推介伦敦的文化遗产和城市景观。如一项著名的文化创意活动"礼帽游行(Hatwalk)",通过对男女礼帽的回顾和演示,推广了伦敦的时尚设计行业。同时在这项活动中,为伦敦的历史名人塑像设计和带上礼帽。既宣传了伦敦的历史文化,同时也突出了伦敦的文化创意产业和时尚特色。政府大力支持此类宣传推广伦敦历史文化的项目和活动,鼓励居民和游客发现和了解伦敦的历史、人物和风貌。

扶持公共艺术。伦敦文化发展繁荣的一个重要因素就是公共艺术的蓬勃发展,这也促使伦敦成为全球现代艺术的中心,而且现代艺术与伦敦的文化氛

---

① 参见吕拉昌、黄茹编著:《世界大都市的文化与发展》,华南理工大学出版社 2013 年版,第 120 页。

围、城市形象有机融合,相得益彰。政府扶持公共艺术的策略是通过规划和专门项目,鼓励高品质的公共艺术以提升伦敦的城市生活品质。如今,伦敦已成为全球视觉艺术的中心,这很大程度上归功于伦敦众多的艺术人才、著名的艺术院校、高品质的艺术机构和繁荣的艺术市场——伦敦的艺术市场已占全球30%的份额,也归功于政府对公共艺术的扶持。2012年在伦敦的特拉法尔加广场举办了英国最大规模的雕塑竞赛。这个竞赛以其高品质、趣味性和争议性闻名,能够引起媒体和公众的集中关注和广泛讨论。调查显示,超过70%的伦敦市民了解这项竞赛,四分之三的市民赞同在公共空间举办艺术竞赛是对公共空间的有益利用,提升了城市空间的品质,使伦敦更为宜居。这项竞赛十分成功,引发了一系列后继文化活动。其中之一就是将所有竞赛作品举办了一个展览和关于公共艺术的公众研讨会。超过45000名观众参观了这个展览,并且和众多知名艺术家和评论家一起热烈讨论了公共艺术的作用和价值。这显示了公共艺术得到了全社会的关注和支持。

举办节庆活动。伦敦的节庆活动和公共空间密不可分。伦敦每年大量的节庆活动带动了城市活力,推动了社区融合,增强了城市形象,吸引了海外游客。政府的策略是资助相当一部分文化节庆和活动,同时鼓励社会各界举办、投资和参与各种文化活动。例如,伦敦市政府在2011年支持并赞助了一项关于阿拉伯当代艺术和文化的节庆活动,意在彰显阿拉伯移民对于伦敦的重要性,鼓励他们融入伦敦社会。之后两年,2013年这项活动再次举行,几乎全部经费来自英国国内和海外的阿拉伯组织赞助,这一次活动的组织和举办水准大幅提升,设立了专业的投资和运营团队,举办了超过50场的展览、演出、研讨会和系列活动。这对活动举办地、阿拉伯社区和伦敦市都带来了积极的影响。①

综上所述,文化战略的实施对于伦敦的蜕变起到了极大的推动作用,这对

---

① 参见屠启宇主编:《国际城市发展报告(2012)》,社会科学文献出版社2012年版,第196页。

于我国许多发展缓慢、正在转型升级的城市具有重要的启示和借鉴意义:首先,文化可以浸润心灵、启迪人心、熏陶民风,塑造城市的品牌和形象,是城市最为核心、最为持久的竞争力;其次,文化本质上也是生产力,是城市发展的源泉。文化与经济社会各领域深度融合,促进文化产业繁荣发展,可以推动相关产业转型升级,促进城市经济增长;再次,文化是城市的灵魂、基因,它协调城市的布局,引领城市的转型,优化城市的环境,繁荣城市的氛围;最后,文化战略是城市发展战略的重中之重,是城市规划的重要组成部分,是政府引导文化产业发展、提升公共文化服务水平的主要手段,必须高度重视、科学规划、认真实施。

(四)特色文化旅游塑造瑞士沃韦小镇品牌

沃韦是瑞士西部的一个小镇,有18000人,它属于沃州管辖,西距沃州首府、奥林匹克之都洛桑20公里,东距瑞士最古老的西庸城堡蒙特勒7公里,背靠巍峨壮丽的阿尔卑斯山,面朝波光粼粼的日内瓦湖。这个不起眼的小镇,最早是古罗马的居民点,中世纪的葡萄酒中心和贸易中心,近代则是食品加工业的摇篮,它见证了世界最大的食品生产加工企业、排榜全球食品百强之首的雀巢公司的诞生、发展和壮大。

150年前,从事药剂师工作的瑞士籍人亨利·雀巢(Nestle)为不能享用母乳的婴儿发明了一种育儿用乳制品,深受市场欢迎。后来他创立了自己的育儿奶粉公司——雀巢(Nestle)公司。20世纪初,公司产品从婴儿食品扩展到奶酪、速溶咖啡、速饮茶、糖果、巧克力制品等数十种。遵循"Good Food,Good Life"(好食品,好生活)的宗旨,雀巢成为世界规模最大的食品制造商,拥有1200多家工厂和商号,分支机构遍及五大洲80多个国家,有职工33.5万名,2015年营业额900多亿美元。

雀巢公司不仅为小镇提供了大量的就业机会和可观的税收,同时也提供了独特的文化旅游资源。1985年,公司设立的基金会利用闲置的行政办公室建起 Alimentarium 食品博物馆。作为全球唯一一家专注于饮食文化的博物馆,它设有多个展区、工作间、动画和游戏区,运用最新科技将实验与探索结合在一起。自 1985 年以来,Alimentarium 食品博物馆每年都举办以食物为主题的展览。这些展览的宣传海报,无论是图形的风格还是在人们对食物的兴致上,都是对当时饮食文化的强烈视觉表达。来访者在这里可以了解到各个时代各个地区的饮食文化、人类的饮食习惯和对营养饮食的观念。

Alimentarium 食品博物馆对面的日内瓦湖中,竖立着一把高 8 米、宽 1.3 米的餐叉(雕塑作品),由 Jean-Pierre Zaugg 设计,全部由不锈钢材质制成。人们把这件艺术品誉为上帝吃饭时不小心掉下来的餐叉。此餐叉是雀巢公司为纪念 Alimentarium 食品博物馆成立十周年而建,如今此艺术品是世界上"17 个最大的玩具"之一,也成为沃韦的新标志。叉子两侧湖滨的石堆中设置了一张张座椅,游人可坐在座凳上晒太阳、欣赏湖光山色,别有一番浪漫情调。①

沃韦在文化方面的另一大亮点是历史上出过不少文化名人:世界著名喜剧演员卓别林曾在这里居住 25 年,最后在这里长眠。沃韦充分利用这一文化资源,在湖边建起卓别林塑像,同时并排建起另外两位曾在这里生活的文学家——俄国的果戈理和罗马尼亚著名浪漫主义诗人米哈伊·爱明内斯库的塑像,充分发挥名人效应,吸引世人。

沃韦每年举办两次规模盛大的文艺演出活动:一是三四月份的爵士音乐节,在当地酒窖和环境宜人的小酒馆举行春季音乐盛宴,在此期间,全城处处鼓瑟同奏,管弦齐鸣,旋律激昂,同时伴有身穿各种服装的精彩表演和即兴演唱;二是 8 月份的街边艺术表演,五花八门的艺术群体在拉沃古城广场 100 多条小街巷,举行形式不同、风格不一的艺术表演,吸引着四面八方的游客。沃韦已经成为瑞士乃至欧洲旅游的首选地。

沃韦凭借雀巢饮食文化、文化名人、音乐艺术节兴起的案例表明:第一,产

---

① 参见谢隆岗、李慧编著:《畅游瑞士》,中国轻工业出版社 2015 年版,第 215 页。

业是城市发展的基础,它不仅可以为城市创造巨大的物质财富,也可以为城市留下宝贵的精神财富。企业创业史、品牌文化、经营理念与工业遗址一样,都是城市不可复制的文化遗产;第二,文化旅游产业是城市发展的重要支撑,它展示城市的面貌,代表城市的形象,彰显地方的特色。要善于挖掘本地本土的名人名事、传统风土文化,结合实际创建文化设施,文化搭台,经济唱戏,打造差异化和个性化的城市文化看点;第三,特色产业、特色文化是小城镇发展的灵魂,也是小城镇区别于大中城市的价值所在。要结合地方实际,做好小城镇规划,调动城镇居民、企业、社会团体等各方面的积极性,营造良好的城镇文化氛围。

(五)文化学术研究都市建设振兴日本关西城市圈

日本的城市结构是一个金字塔,底层是一般中小城市,其上为人口五十万左右的中心城市,再上是人口百万左右或几百万的大城市,而稳居塔尖位置的是地位无法超越的特大城市东京。东京称为特大城市不仅仅因为其人口排名第一,占全国人口的十分之一,还在于它集全日本的政治中心、经济中心、文化中心于一身,而且这种地位是绝对稳固的。世界上有许多大城市,但是像东京这样集所有中心于一身的大城市却是少有的。东京人口的集中程度、经济的发达程度与各项社会功能的健全程度可能是世界上任何其他城市所无法匹敌的。因此,东京的一极集中可以说是明治维新以来日本城市化的登峰造极之作。

东京一极集中,样样功能齐全,对于生活在东京圈中的人来说,意味着更多的工作机会和更好的公共服务;对于企业来说,意味着接近政府机关,得到最新的信息;对于东京都政府来说,意味着更高的地位和更多的税收。但是,东京一极集中也有诸多弊端:先是 20 世纪 80 年代初的地价大暴涨、房价大暴涨、物价大暴涨,然后是 80 年代后期的交通堵塞、环境恶化,随之而来的是农村地区和小城市人口的减少,地区的活力减退,从而引起国土的不合理利用,以及城乡差别、大小城市差别的扩大。进入 90 年代,东京一极集中问题已成为日本城市发展中最重要的问题。①

　　为了解决这一问题,日本政府在 1987 年提出关西振兴战略,以大阪、京都、神户为核心的关西城市圈与东京城市圈共同承担起全国中枢机能的重任,并在 21 世纪形成一个有独创性的经济文化中心。随后,日本政府制定了《关西文化学术研究都市建设促进法》与《关西文化学术研究都市的建设规划》,决定在关西地区建立一座集文化教育、科学研究和学术交流于一体的新型都市。该都市规划面积为 15000 公顷,比 20 世纪 60 年代在东京附近建造的筑波研究学园都市大 45 倍。

　　日本关西文化学术研究都市位于京都、大阪、奈良三府县的交界处,距三座城市的市中心都不超过 30 公里,距关西国际机场也只有 60 多公里,交通十分便利;地处纪伊山地,自然环境极为优越;京都、奈良等古城环绕四周,人文底蕴也非常深厚。该都市在规划方面别具匠心,内部分为 12 个研究区域,区域之间由绿地隔开,每个研究区域独自构成一个公园式的小区;在建设过程中也一改国家投资的传统做法,由国家、地方和民间三方合作,通过京阪奈株式会社的形式加以运作。为了方便学术活动,那里建立了与科研、学术活动和人居生活相配套的各种设施——与科研配套的设施,如十四层高的实验楼(内有理化实验室、电子学实验室等)、超级实验室(内有精密测试室、特殊实验室、超净室等);与学术活动配套的设施,如能容纳千人的多功能大厅(可在此召开国际会议及其他较大规模的会议),能适用于多种学术活动的大、中、小会议室,能收集、加工、传递各类信息的交流中心,能做科技展览用的活动大厅,等等;与生活配套的设施,如宿舍、日时钟广场、书摊、银行、商店、茶室、咖啡馆、酒店、旅行代理店;等等。② 关西文化学术研究都市不仅仅是学术研究和文化交流的基地,同时也是产业集聚之所和居民生活的乐土,这对于促进关

---

①　杜建人编著:《日本城市研究》,上海交通大学出版社 1996 年版,第 221 页。
②　参见沈汉:《日本新建关西文化学术研究都市》,《日本问题研究》1994 年第 2 期。

西城市圈的发展、削弱东京城市圈的霸主地位具有非常重要的意义。

日本关西学术研究都市实际上就是其他国家的大学城、科技城，如英国的牛津与剑桥大学城，美国的哈佛、耶鲁与波士顿大学城，德国的波鸿大学城，俄罗斯的新西伯利亚科学城，法国的法兰西岛科学城，印度的班加罗尔软件园等。1998 年以来，我国也建造了廊坊东方大学城、北京沙河高教园区、沈阳浑南大学城、南京仙林大学城、杭州下沙大学城、重庆大学城、广州大学城、厦门集美大学城等 70 多座大学城。[①] 关西文化学术研究都市建设，其经验至少有四：其一，城镇化追求的不是一城独大或几城独大，而是要促进各区域协调发展。关西文化学术研究都市建设不仅解决了东京"一极集中"的问题，而且勾连起周边的京都、大阪、奈良协调发展。其二，城镇化道路不追求同一，应当错位发展。关西文化学术研究都市建设不走寻常路，另辟蹊径，其结果是各城各市功能互补，各美其美，都能得到更好的发展。其三，城镇化建设可以"众筹"。靠政府一家建设难免捉襟见肘，难免"手长衣袖短"，关西文化学术研究都市建设改变惯常的国家投资的做法，由国家、地方、民间三方合作，依靠社会的力量，效果显著。其四，城镇化建设，基本功能必须健全。即使小如"麻雀"，也必须"脏器"俱全，关西文化学术研究都市建设就做得比较好，能设身处地为企业、为机构、为居民着想，也就能更好地释放其生机与活力。

（六）新村运动促进韩国城乡统筹发展

韩国在 1945 年脱离日本殖民统治以前是一个落后的农业国，城市化水平非常低，1930 年只有不到 5% 的人口居住在城市。从 20 世纪 60 年代开始，韩国推行外向型经济发展战略，走上了振兴之路，仅用 30 年时间就实现了工业化，1985 年人均国民收入达到 1598 美元（1962 年人均国民收入 87 美元），被誉为"汉江奇迹"。与此同时，韩国的城市化水平也从 1960 年的 36% 上升到

---

① 叶南客、郑琼洁：《大学城：新城市运动中的城市功能再造——以南京仙林大学城为例》，《中国高校科技》2013 年第 Z1 期。

1985年的74%,成为一个高度城市化的国度。但在此过程中,韩国农业、农村的发展则被冷落和忽视。随着韩国工业化的不断加深和国民经济的高速增长,城乡发展失衡问题越来越突出,并日益成为影响经济持续增长乃至综合国力的主要障碍。①

1961年上台的朴正熙总统深知农村的贫困落后状态,怀有改变农村面貌的强烈愿望。他执政期间,韩国社会经济状况有了明显改善,经济增长模式从出口导向型转向内需拉动型,政府有余力支持农村的建设和发展。1970年,朴正熙总统在全国行政长官参加的抗旱对策会议上正式提出"新村运动"的构想,政府向全国3.3万个行政村免费提供水泥、钢筋,动员农民从事公共基础设施建设。一年之后,政府对各村庄的建设状况进行评估,划分为自立、自助、基础三类,只向自立村和自助村提供援助物资。经此激励,全国绝大多数基础村都转化升级,农村的基础设施和居住环境为之一新。

1974—1976年,政府将运动重点转向增加农民收入,扶持乡镇企业和农村经济发展,同时建设村民会馆、开办新村运动训练营,培养农民的参与意识和领导能力。1977—1979年,政府强调农民住房的改造、乡村文化设施的建设以及农村社会保障体系的完善。1979年,新村运动从政府主导转向民间主导,并且纳入法制化轨道,中央、道(省)、郡(县)等各个层次都建立了组织机构。通过这一阶段的努力,农民的经济收入和生活水平同城市居民大体相当。20世纪90年代以后,新村运动融入更多的文化内涵、道德建设与市民建设,其目的是创造一个新农村社会,在精神层面上实现工业和农业、城市和乡村的均衡发展。②

在"新村运动"过程中,政府在乡村地区兴建村民会馆、读书室、娱乐场、

---

① 参见"城乡统筹视野下城乡规划的改革研究"课题组:《走向整合的城乡规划——城乡统筹视野下城乡规划的改革研究》,中国建筑工业出版社2013年版,第237页。
② 参见[韩]朴振焕:《韩国新村运动:20世纪70年代韩国农村现代化之路》,潘伟光等译,中国农业出版社2005年版,第168页。

运动场、敬老院、青少年活动中心等各种公共文化设施，以便开展文化娱乐活动，培养村民的"自助、协同、勤勉、奉献"精神。同时，政府还从大学教师、学生等高素质群体中挑选志愿工作者，到农村提供公共文化服务，促进农民与市民之间的文化交流和融合。这些措施提升了农民的文化素养，丰富了农民的精神生活，唤醒了农民的自立自强意识，为韩国城镇化建设提供了强有力的智力支持。

总之，韩国新村运动缩小了城乡之间的巨大差距，改善了农村的物质面貌和农民的精神面貌，推动了经济和社会的持续发展，成效极其显著。[1]

我国与韩国是一衣带水的邻邦，风土文化有颇多相似之处，韩国农村现代化的思路、内容和方法可以为我国当前新型城镇化、新农村建设和城乡融合发展提供有益借鉴。首先，城镇化不能遗忘农业农村，农业农村的现代化不必等到工业化、城市化完成后才进行，应当协调发展、互为支撑。其次，农村建设要以农民为主体，着力培养他们的自立意识和自强精神，激发他们的内在活力，政府只进行引导和激励，而不是包办、代替。再次，农村建设要以村庄为依托，充分发挥村民委员会、村民小组等基层自治组织的作用，带领农民协同合作，共同致富。最后，农村的发展要物质与精神同步，在改善农村基层设施、提高农村收入的同时，也要转变他们的生活方式，培育他们的公民意识，提升他们的道德水准与文化素养。

二、国内案例

古都西安借助唐大明宫遗址公园建设，将道北这个最大的城中村变为城市最具文化气息的区域，取得了可喜的成绩；重庆忠县整合地方特有的忠文化资源，大力推进文化产业发展和精神文明建设，加速了城镇化的进程；山西平

---

[1]　参见金光熙：《朴正熙与韩国的现代化》，黑龙江朝鲜民族出版社2007年版，第179页。

遥是古城、古镇中的佼佼者,充分挖掘自身的文化遗产发展旅游业,实现了小城的大飞跃;四川蒲江明月村依托陶文化发展文创产业,激发了乡村的生机活力;上海通过建设文化创意产业园区实现历史街区的复兴;黄石借助矿冶文化资源促进文旅融合实现了城市的华丽转身。

(一)大明宫遗址公园建设带动西安道北地区发展

西安是世界久负盛名的文化古都、丝绸之路的起点城市,也是中国历史上建都最为悠久的城市、国务院首批公布的历史文化名城之一。西安地上、地下的文化遗存极为丰富,有全国重点文物保护单位 16 处,省级文物保护单位 68 处,市县级文物保护单位 230 处,登记在册的文物点 2944 处。① 其中又以西周丰镐遗址、秦阿房宫遗址、汉长安城遗址、唐大明宫遗址最为著名,分别代表了西安历史上最为辉煌的四个时代。而位于市区东北部龙首山上的唐大明宫遗址又是重中之重,其周长约为 7.6 公里,面积约为 3.5 平方公里,相当于北京故宫的 4.5 倍大小,是中国目前保存最为完整、保存状态最好的古代宫殿遗址,具有极高的保护价值和开发价值。

大明宫始建于唐太宗贞观八年(公元 634 年),落成于高宗龙朔三年(公元 663 年),此后长期作为唐帝国的政治中心和国家象征。它是中国宫殿建筑的经典之作,也是受唐文化影响东亚各国宫殿建筑的蓝本。② 天祐元年(公元 904 年),权臣朱温劫持唐昭宗迁都洛阳,拆毁长安宫室、房屋,大明宫遭到彻底破坏,从此沦为废墟。留守将领韩建为了便于防御,放弃了原长安城的宫城和外郭城,仅保留了皇城,改建为京兆府城。京兆府城面积为 5.2 平方公里,仅及唐长安城面积的 1/16。此后历经五代、北宋、金、元等朝代,城市规

① 参见王景慧、阮仪三、王林编著:《历史文化名城保护理论与规划》,同济大学出版社 1999 年版,第 115 页。

② 参见李春林:《唐大明宫遗址的历史底蕴和保护的若干问题》,《理论导刊》2009 年第 12 期。

模、格局都未有大的变化。明清西安府城在前代基础上,向东、北两方各自扩展 1/2,又在唐太极宫旧址上加筑了北郭城,而大明宫遗址始终处在北郊的荒野之中,村落零星,人烟稀少,常有狐、狼等野兽出没。①

1935 年,陇海铁路西安潼关段正式运营,西安火车站设在中正门(今解放门)外,毗邻的道北地区(铁路线以北自强东路、二马路一带,包括大明宫遗址在内)迅速发展起来。1937 年,抗日战争全面爆发,河南、山东、安徽等黄河中下游地区的广大难民和青岛、上海、武汉等地的工商业者,沿着陇海铁路大量涌入西安。他们没有本钱进城,便在火车站附近的荒地落脚,道北几乎在一夜之间由安静的乡村变为喧嚣的棚户区。1940 年前后,又有大批河南黄泛区灾民逃荒到西安,在道北聚居,先后形成自强东路、二马路、纱厂街、北郭上村、树雄巷、天字工房、地字工房、元字工房、丁字工房等九条街巷。② 至 20 世纪 80年代,道北地区仍是西安最大的棚户区和城中村,以脏乱差和刑事案件多发出名,当地百姓生活贫困、住房拥挤,一直得不到改善。

1961 年,唐大明宫遗址成为首批国家重点文物保护单位之一。由于没有专门的保护机构,遗址长期被道北的民房、工厂占压,得不到应有的尊重和保护。1984 年,国家文物局决定实施麟德殿保护工程,作为大明宫遗址保护利用的试点。次年前殿部分完工,吸引了数以万计的游客前来参观。1998—2003 年,又实施了含元殿保护工程,完工后连同展览馆、砖窑厂一同向游人开放。2005 年,西安市政府决定实施大明宫遗址环境整治和御道拆迁两大项目。环境整治项目的实施,使麟德殿遗址周围常年堆积的约 5 万立方米垃圾被清除,大量临时建筑被拆除,征购土地 205 亩,扩展了绿地面积,遗址的环境面貌得到明显改善。御道拆迁项目的实施,使含元殿遗址至丹凤门遗址之间400—600 米范围内的现代建筑全部拆除,搬迁工厂、学校、医院、商企和居民

---

① 参见朱文杰主编:《西安城墙》(文化卷),陕西科学技术出版社 2012 年版,第 110 页。
② 参见郭海成:《陇海铁路与近代关中经济社会变迁》,西南交通大学出版社 2011 年版,第 276 页。

共 3000 余户、1.2 万人,恢复了大明宫前朝区的空间格局。①

2007 年,大明宫遗址公园建设项目作为国家"十一五"大遗址保护重点示范工程正式启动。随后的三年多时间,西安市政府对遗址区 3.5 平方公里的企事业单位、居民楼、城中村进行了拆迁安置。盼望改变当地落后面貌的道北人积极配合。这项涉及面广、人口多、情况复杂的大拆迁得到了群众的理解和支持,其速度之快、社会稳定、群众满意度高在西安实属罕见。② 2010 年 10 月,大明宫遗址公园隆重开放,创造的经济效益非常可观。据西安市旅游局统计,在公园运营的短短半年时间,旅游人数 346 万人次,旅游收入 638 万元。大明宫遗址作为盛唐文化的重要载体和西安城市史的重要文化符号,为城市发展开辟了一条独具特色的路径。③

西安大明宫遗址的保护和利用给我们很多启示:首先,文化遗产是全人类的宝贵财富,它具有不可再生和复制的特殊价值,我们有责任、有义务对它进行科学、全面、真实的保护。其次,文化遗产保护要与城市社会经济发展、人民生活水平提高相协调,这既是实现文化遗产价值的现实需要,也是保护文化遗产的根本目的。再次,大遗址是城市的文脉标志,也是城市可持续发展的重要资本。实施大遗址保护工程有利于建设独具特色的城市文化,避免"千城一面"现象的蔓延。最后,遗址公园是保护、展示大遗址的良好方式,它既可以再现历史遗址的完整格局,为后续的考古发掘工作提供便利,还可以改善周边地带的生态环境,承载市民的休闲、健身、娱乐活动,实现人文与绿色的和谐统一。

(二)"忠文化"精神引领重庆忠县城镇化进程

忠县位于重庆东部、三峡库区腹心地带,是全国唯一以"忠"命名的县,忠

---

① 参见高本宪:《大明宫遗址保护 50 年》,《中国文化遗产》2009 年第 4 期。
② 参见王非:《阳光灿烂的西安道北新城》,《西部大开发》2010 年第 Z1 期。
③ 参见张建忠、孙根年:《遗址公园:文化遗产体验旅游开发的新业态——以西安三大遗址公园为例》,《人文地理》2012 年第 1 期。

文化特征显著,历史源远流长,仁人志士辈出。战国时期,这里是巴国的属地临江邑,守将巴蔓子借助楚国的力量平息叛乱,事后为了保全巴国领土,毅然"刎首留城"谢楚王,忠名永存;东汉末年,临江人严颜任巴郡太守,忠于职守,被刘备大将张飞俘虏,"宁做断头将军,不做投降将军";唐贞观年间,唐太宗闻听临江人忠信事迹,赐地名为忠州;南宋时期,知府马堃率领忠州军民英勇抗击元军入侵,坚守皇华城,尽忠报国;明朝末年,忠州又出了巾帼英雄秦良玉,她任石柱土司一职,先后与清军、奢崇明、张献忠作战,战功赫赫,被封为一品诰命夫人、忠贞侯;近代,忠县又涌现了金少穆、吴毅、马识途、罗广斌等一批革命者,他们忠于民族、忠于人民、忠于党,赋予"忠文化"新的内涵。①

进入新时代,忠县"忠文化"不断丰富发展,移民文化、柑橘文化、半城文化先后补充进来,形成了"半城山水满城橘,一州忠义九州魂"的城市文化品牌。2009 年,忠县县委提出建设"文化创意产业生态城"、全力打造"忠文化之都"的发展战略,规划投资 107 亿元,着力实施"忠文化"塑造工程、"忠文化"引领工程、"忠文化"惠民工程和"忠文化"精品工程。在这些项目支持下,忠县开展了"感动中国十大忠孝人物"评选活动,举办了"三月会"等"忠文化"纪念活动,建设了"忠文化"主题公园、西部影视城等"忠文化"标志性设施,制作了电影《秦良玉》、电视剧大型音乐舞蹈史诗《忠魂赋》等"忠文化"题材影视作品。这些文化创意工程也带动了旅游业的发展,忠县 2009 年全年共接待游客 51.5 万人次,实现旅游直接收入 1.17 亿元,首次突破亿元大关。

在进行"忠文化"创意旅游产业开发的同时,忠县也十分注重"忠文化"遗产资源的保护和挖掘。2014 年,忠县邀请市内 10 所高校的专家学者前来调研考察,开展"忠文化"课题研究;连续举办重庆历史文脉座谈会、白居易文化研究会、光明讲坛核心价值观专场等活动,就"忠文化"的传承与发扬问题进行研讨;出版了《忠文化故里·忠州》《辉煌忠州》《话说忠州》等丛书;制作了

---

① 参见雷学军:《忠县"忠文化"的起源与演变》,见周晓风、张全之、袁盛勇主编:《区域文化与文学研究集刊》第 4 辑,中国社会科学出版社 2016 年版,第 284 页。

专题纪录片《忠·城》。2015年,忠县加大了对历史古迹的修复力度:修缮白公祠,从43亩扩大为80亩;完成忠州博物馆主体工程,进行布展;以白公祠和忠州博物馆为核心,启动白公祠文化生态保护区建设。①

与此同时,"忠于党、忠于祖国、忠于人民、忠于事业、忠于法纪"的当代忠文化,以及"忠勇、诚信、求实、创新"的忠县精神,也逐渐深入人心,成为城市的核心价值理念。近年来,忠县大力开展"忠县十佳职业道德标兵""忠县十大孝星""忠县十大忠商""忠县十佳文明市民"等评选活动,挖掘发现更多群众身边的先进典型;利用县电视台"忠州故事会"、电视微访谈、机关单位道德讲堂、忠州日报"每日一星",宣传先进典型事迹;建立"忠信人家"评估认证制度,以家庭为单位,对市民的诚信进行评估,并进行引导和鼓励;建立"忠县道德风尚基金",搭建"好人社会化帮扶平台",广泛发动志愿者,组织机关、企事业单位职工,对困难先进典型给予常态化帮扶。忠县市民的思想道德素质得到全面提升,市级以上道德模范数量位列全市第一,市、县两级文明市民、道德标兵有数百人之多。

2017年11月,忠县入选第五届全国文明城市名单,这是一张极具含金量的国家级城市名片,这是对忠县文明城市建设的肯定。由此可见,"忠文化"对忠县城镇化发展起到了极大的推动作用:保护了文化遗产,整合了历史文化资源,做大了文化创意产业,促进了旅游业发展,扩大了城市规模,也提高了市民的素质,提升了自身的形象,树立了"忠文化"品牌。这个成功案例告诉我们:其一,城镇发展要走差异化路线,不但要打造地方特色的产业链,促进产城融合,而且还要塑造别具一格的文化品牌,提升城镇品质。其二,城镇文化创意产业和旅游产业是城镇实现创新、协调、绿色、开放、共享发展的强大动力,而它们的发展需要充分挖掘和利用历史文化资源。其三,城镇精神是城镇的灵魂,是城镇软实力的重要内容,也是推动城镇发展的内在力量。从地方历史

① 参见《重庆日报》报道组:《忠县:让"忠文化"焕发新魅力》,《重庆日报》2016年9月12日。

文化中提炼的城镇精神,更容易得到广大市民的认同和外界人士的认可,也更能起到引领经济社会发展的作用。其四,城镇精神和文化品牌的塑造过程,同时也是市民素质提高、社会共同价值观形成的过程,以文化人、以文化城是新型城镇化的必由之路。

(三)古城文化旅游支撑山西平遥城市发展

平遥地处山西省中部,是有着2700多年历史的国家历史文化名城。相传上古时代,帝尧曾在此居住,称为古陶。西周末年,卿士尹吉甫讨伐猃狁,路经陶邑,开始修城筑台。秦朝统一天下,置平陶县。北魏时避太武帝拓跋焘讳,改县名为平遥,遂沿用至今。自明洪武三年(1370)扩建以来,平遥城市格局与面貌基本未变,城墙、官衙、民宅、庙宇、街巷、店铺大多保留下来,是中国境内保存最为完整的古县城。平遥还是晋商和山西票号的发源地,清道光三年(1823),中国第一家票号"日升昌"就是在这里诞生的。日升昌专营存放款、汇兑业务,便于商业运转和货币流通,结束了长期以来靠镖局押送汇款的落后局面,开中国银行业之先河,它的创立在中国金融史上具有划时代的意义。票号的设立也大大提升了平遥的地位,成为当时全国闻名的金融控制中心,号称"小北京"和"海内最富"。①

辛亥革命以后,国民政府取消了民间汇兑业务,同时统一了货币,异地运送白银的需求彻底消失,票号被银行取代,平遥因此走向衰落。但这座城市的贫困,反而让城中古老的建筑得以保存下来。当初山西境内和平遥一样的古城还有太谷、祁县、忻县和介休,太谷城的规模比平遥还大,有完整的城墙、钟鼓楼、文庙以及众多的民居,都在20世纪80年代的城市建设高潮中毁于一旦。而平遥因为经济发展滞后而较少建设,拆除城墙和民居的工程进度也非常缓慢,这才给了同济大学教授阮仪三"刀下救古城"的时间。1982年编制的

---

① 参见黑明摄,吴天弃、王炫文文:《梦断黄沙——平遥》,中国工人出版社2004年版,第16页。

《平遥县城总体规划》，确立了全面保护平遥古城的总体思想，提出在古城西面和南面开辟新城的战略思路，"新旧决然分开，确保老城，发展新城"，同时对古城内部也划分了一二三级保护区，严格控制建筑高度和风格，奠定了古城保护的基础。①

1986年，平遥入选第二批国家历史文化名城。1988年，镇国寺、双林寺、平遥城墙等3处古迹被评为国家级重点文物保护单位并相继向游人开放，来平遥古城旅游观光者也多了起来。1989年，平遥接待游客6万人次。1991年，更是增加到16.7万人次。1997年，联合国教科文组织世界遗产委员会第二十一届大会宣布将平遥列入《世界遗产名录》，旅游业更是成为平遥的支柱产业和新的经济增长点。古城的旅游景点不断增加，以古城墙、县衙、文庙、双林寺、清虚观、日升昌、同兴公镖局、雷履泰故居为代表的8大类景点各具特色、渐成体系；旅游的区域由点到线，由线到区，不断扩大，形成两日游的格局；旅游的配套设施也不断完善，三轮旅游车扩充到300余辆，公交线路发展到13条，宾馆、饭店发展到90余家，商店发展到70余家。2003年，平遥旅游从业人员达到2万余人，旅游及相关产业综合收入2.24亿元，仅门票收入就达到2289.3万元，经济效益相当可观。②

2004年10月17日，位于平遥古城正南面的一段长约17米、高10余米的古城墙突然倒塌。虽然事故没有造成人员伤亡，但拥有"世界文化遗产"头衔的平遥古城成为海内外关注的焦点。城墙倒塌事件凸显了平遥古城保护的问题：一是旅游开发与文物保护之间没有形成合理的循环机制，旅游部门、开发公司获利巨大，却让文物部门独自承担古城维修的费用，导致许多建筑年久失修；二是城市人口过于稠密，对文物保护和旅游开发形成巨大压力。平遥古城仅有2.25平方公里，却居住着4万多居民，人口密度为上海的17倍、北京的

---

① 参见禹贡等：《旅游景区景点经营案例解析》，旅游教育出版社2007年版，第176页。
② 参见邹统钎主编：《古城、古镇与古村旅游开发经典案例》，旅游教育出版社2005年版，第25页。

33 倍。为此,平遥县委、县政府实施了两项政策:一是提出"谁维修谁受益",动员民间资本以入股的形式参与古城保护开发;二是引导城内居民外迁,先将政府机关、医院、学校迁到城外,后又关闭古城周围 30 家污染企业,着力改善古城的生态环境。这些措施既使古城得到了有效保护,又推动了旅游业的健康发展。①

平遥古城保护是中国历史文化名城保护的一大经典案例,它的成功给予我们很多启示:其一,"新旧分离模式"——在古城之外另辟新区,由两者分别承担文化保护和现代化建设的功能,是解决古城保护与发展难题的有效途径;其二,完整保留的古城是城市的无价之宝,它不仅可以延续地方的传统和文化,树立城市的形象和品牌,而且还能形成强大的旅游产业和文化产业,为城市发展注入新的活力;其三,古城保护工作需要建立多元化的资金筹措机制,将古建筑修缮投入与旅游收益挂钩,吸引民间资本参与古城开发,是填补古城保护资金缺口的有益尝试;其四,古城保护工作应当遵循"真实性"和"完整性"原则,古建筑应保持其固有的空间格局、尽量发挥它原有的功能用途,并与特定的民俗、表演和技艺相结合,构成古城完整的生活风貌;其五,政府在古城保护中扮演的角色至关重要,合理的城市规划、健全的配套措施是古城保护与开发的根本保障。

(四)文创项目激发四川蒲江明月村生机活力

甘溪镇明月村,地处四川省蒲江、邛崃、名山三(市)县交会处,距离成都市区约 90 公里,是蒲江县最为偏远的山村之一。这里曾是有名的市级贫困村,即便经过扶贫工作成功摘帽,村民人均纯收入依然低于成都全市的平均线。怎样才能从脱贫走向富裕,始终困扰着明月村,直到它抓住了一个别人不要的机会——以陶艺为主题的文创项目。

---

① 参见欧阳坚:《古城保护模式的新探索——以丽江和平遥为例》,《中国软科学》2008 年第 11 期。

明月村临近邛崃市,沿袭了邛窑的制陶工艺,至今仍有 4 口老窑在烧制民用杯盘碗盏,本地人称"张碗厂"。2012 年底,民间陶艺师李敏对"张碗厂"进行考察,并向蒲江县政府提交了《邛窑修复报告》。她认为明月村的老窑始建于隋唐,完整保存了唐代的烧制工艺,是四川为数不多的"活着的邛窑",在汶川大地震中不幸垮塌,具有极高的历史和文化价值。蒲江县政府采纳了李敏的建议,规划了项目用地,引进民间资本实施修复计划。李敏和她的团队顺势入驻明月村,用一年时间完成对"张碗厂"的修复,而且新建了陶艺工作室、体验区、展厅和茶室,形成格调更高雅的"明月窑"。①

2014 年,蒲江县政府启动了"明月国际陶艺村项目",以"筑巢引凤"的形式引进文创项目 25 个,其中包括四川省工艺美术大师李清的蜀山窑明月工坊,书法家李南书的乡村篆刻传习所,设计师赵晓钧的"呆住堂"艺术酒店,作家宁远的草木染工作室"远远的阳光房",知名茶人陈瑶的"曼陀罗茶人生活",收藏家赵洪的皮影博物馆,诗人阿野的朵云艺术咖啡馆……以陶艺制作为核心的特色文创项目群和创客聚落初步形成。

在引进艺术家、文创达人、青年创客等新村民的同时,明月村也非常注重原住村民的发展。政府引导农户成立旅游合作社,对农户开设餐饮、客栈、茶社等提供标准并进行指导,对旅游从业人员进行培训。进入明月村的众多文创项目也为村民提供免费培训、文化服务及产业孵化:陶艺家李清免费为村民进行陶艺培训,并培育当地手作陶艺产业;善本学堂设置国学、艺术乐教培训教室、艺术主题书馆,对村民免费开放;正在建设中的篆刻传习所,将在村里培养民间篆刻传承人;明月书馆时常举办音乐会、讲座等活动,丰富村里的文化生活。

文创项目激发了这个古老村落的生机活力:2015 年,明月村建成旅游环线 18 公里、占地 4000 平方米的文化中心、综合文化站 1 个、公共停车场 3 个;

---

① 付远书:《明月照故里 文艺塑家乡——四川省蒲江县明月村文创田园样本观察》,《中国文化报》2017 年 8 月 18 日。

建成川西民居特色浓郁的明月新村,入住 356 户 1246 人,发展家庭旅舍 10家、茶社 4 家、特色餐饮项目 4 家;建成文创工作室 4 个,成为川西旅游新热点。2016 年全年明月村迎来游客 15 万人次,农民人均纯收入超 1.8 万元,成为远近闻名的创业示范园区、双创聚居区。2017 年,明月村被评为年度四川百强名村。①

甘溪镇明月村不仅为产业扶贫、共同致富树立了榜样,同时也为新农村建设、乡村振兴提供了样板。它的成功经验主要有以下几点:首先,新型城镇化的目标绝不是城镇"单边"发展,而是城乡并进、共同发展。明月村依托其田园自然风光和陶艺文化遗产,大力发展文创产业,既能满足城市人的旅游休闲度假需求,也能缩小城乡在经济生活、社会公共服务方面的差距,实现城乡协调发展。其次,无论是城镇化中的城镇建设还是乡村建设,必须因地制宜,必须以居民为发展主体,必须让百姓受惠。明月村文创项目跟当地的农业、手工业结合,为村民生产、生活服务,村民以多种方式参与项目:或是文创院落的房东,或是文创项目的员工,或是旅游合作社的社员、旅游从业者,或是文创项目的服务对象,依靠发展受惠获利。再次,政府是发展的"操盘手"。蒲江县搭建了专门的文创项目管理平台,负责项目的规划、引进、推广和管理的全过程,确保项目顺应明月村的资源禀赋、文化传统和发展需要,实现艺术与生态共生,新村民与原村民的互助融合、共建共享。

(五)文化创意产业催化上海田子坊蜕变

上海是我国的第一大城市、远东的经济中心。上海作为中国对外开放的窗口与名片,它不仅向世界展示着中国先进的技术、金融、贸易服务,也彰显着中国特有的文化。上海文化是中国南北文化以及中西文化融合的产物。"海纳百川、追求卓越、开明睿智、大气谦和"既是上海城市精神的概括,也是上海

---

① 参见粟新林等:《5 年 成都建设"小组微生"新农村综合体 123 个》,《成都日报》2016年 4 月 18 日。

城市文化的升华。在中国近代,长江入海口的地理优势使上海在全球经济发展中拥有举足轻重的地位,而通商口岸的历史背景使上海在中国文化发展中起到引领时尚的作用。租界的西洋文化与本土的江南水乡文化在这里交融,移民风潮带来的南北地域文化在这里碰撞,形成了兼容并包的海派文化。在外国人的眼中,上海是富有中国文化特质的城市;在中国人的眼中,上海又是最具开放性、最有西洋风情的城市。这种"中西混杂",是上海文化生命力的源泉。①

上海文化在物质上的集中体现便是里弄住宅,又称弄堂、石库门,②整体布局是欧洲近现代联排式商品公寓,内部单元却是中国传统的二合院、四合院民居,是中西建筑的完美结合。19世纪五六十年代,江浙的乡绅、富商躲避太平天国运动的战火,纷纷迁入上海租界,里弄开始兴起。因为这种住宅占地经济、设计合理、结构坚固、外观整齐,满足城市用地的紧凑原则;同时又保留天井、客堂、厢房等乡土元素,也符合封建大家庭的伦理需求。20世纪初,上海跃升为远东最大的商埠,毗邻地区的破产农民、手工业者不断涌入,城市人口急速增长,早期的里弄建筑已不能满足他们的住房需要,演变为占地节省、房屋密集、装修简约、价格低廉、适宜小家庭居住的后期里弄建筑。由于弄堂人口稠密、房租便宜,吸引了洋行、百货、钱庄、客栈、饭店、茶馆等各色商铺进驻。而商业资本和廉价劳动力的聚集,又为弄堂工厂的产生创造了条件。③

弄堂工厂是近代上海工业文化的一大特色,开设在弄堂里的小工厂、小作坊不计其数,多属日用化学品、食品、纺织、印刷、卷烟等轻工业门类。1914—1925年,帝国主义列强忙于第一次世界大战和战后重建,民族资本主义迎来

---

① 参见吕拉昌、黄茹编著:《世界大都市的文化与发展》,华南理工大学出版社2013年版,第194页。

② 里弄住宅的标示性特征是大门,门楼、门框均为花岗岩石料制成,上海人形象地称为"石箍门",发音为"石库门"。因此,里弄住宅也称为石库门建筑。

③ 参见左琰、安延清:《上海弄堂工厂的死与生》,上海科学技术出版社2012年版,第21页。

了发展的黄金时期。三友实业社、中国化学工业社、天厨味精厂等一批民营企业从弄堂小厂起步，不断发展壮大，打破了洋货对中国市场的垄断，成为中国民族工业的重要支柱。1925—1931年，因发生"五卅惨案""五三惨案""九一八事变"，全国掀起反帝爱国运动，抵制英货、日货，保护国内市场，使得上海的民族企业、弄堂工厂空前繁荣。抗日战争期间，尤其是1942年太平洋战争爆发后，日本占领上海全境，弄堂工厂大部分陷于停工。日本投降以后，上海弄堂工厂有过短暂的恢复发展，不久因为内战爆发而趋于萧条。1949中华人民共和国成立，私营里弄工厂经过社会主义改造，转变为集体所有的里弄生产组和街道工厂，为社会主义经济建设作出了贡献，成为上海弄堂的一道风景。[1]

改革开放以来，上海经济快速发展，先是20世纪80年代后期开始的产业结构调整，大批工厂包括弄堂小厂关停并转，成为中心城区亟须考虑和改造的闲置用地，整整一个世纪的弄堂工厂完成了它在上海近代工业史上的使命而退出历史舞台；然后是20世纪90年代大规模的城市建设，市区的许多里弄街坊因为居住环境恶化，被当作棚户区一样的危旧住房予以清除。在"一年一个样，三年大变样"的城市发展口号指引下，上海面貌焕然一新。然而弄堂建筑的大片拆毁与原住居民的大量迁移，使得历史积淀而形成的上海里弄文化在这场城市建设浪潮中消失殆尽。上海几代人形成的生活方式和民俗传统在城市巨变中发生断裂，包括弄堂工厂在内的众多近代工业遗址难觅其踪，海派文化中的建筑符号发生了重大变化，城市历史文化的传承出现了问题。[2]

1997年亚洲金融危机以后，以土地为资本的再开发式城市改造步履维艰，并引发了越来越大的社会代价。而政府与社会各界的文化遗产保护意识在不断增强，里弄建筑作为近代上海的工业遗址和历史记忆受到越来越多的

---

[1]　参见左琰、安延清：《上海弄堂工厂的死与生》，上海科技大学出版社2012年版，第62页。

[2]　参见左琰、安延清：《上海弄堂工厂的死与生》，上海科技大学出版社2012年版，第103页。

关注。在这种时代背景下,"田子坊"的改造事例为上海城市改造打开一条新的思路。"田子坊"原名"志成坊",位于卢湾区泰康路,是一个典型的中西合璧的弄堂街区,完整地保留着清代江南民居、各式各样的里弄建筑,以及英国城堡式建筑、西班牙巴洛克式建筑。其建筑种类之丰富、保存之完整,在今天的上海已属凤毛麟角。管辖这一片区的打浦桥街道财力薄弱、资源稀少,无力进行大拆大建,就提出利用文化作为资本推进区域经济的设想,决定在泰康路一带营造出一条文化街,为打浦桥做出一个"文化眼"来。[1]

打浦桥街道办事处首先向区政府借资 300 万元租下闲置的弄堂厂房,让存在几十年的马路菜市场搬进室内,花了半年时间把泰康路清理干净,给"文化眼"创造一个相对整洁的外部环境。然后引入市场机制,以街办名义招揽具有文化创意的民营企业,将旧厂房的经营运作权交给后者。在运营主体的努力下,先是请进著名画家陈逸飞,把泰康路 210 弄的旧厂房低价租给他做工作室。2001 年,又请来画界泰斗黄永玉,他感慨原生态弄堂建筑与现代设计造型的巧妙结合,将这里命名为"田子坊"(与战国时代的画家田子方谐音)。由于名人强大的示范效应,很快吸引来尔东强、王吉音、王家俊等一批国内外视觉艺术家落户泰康路,他们让沉寂已久的弄堂重新找回了文化气息。此后入驻田子坊的文化创意机构越来越多,传统的弄堂文化遗存真正变为城市改造的资本。[2]

随着田子坊改造的深入,原先 1.5 万平方米的旧厂房已经满足不了市场的需求。2004 年,泰康路 210 弄 150 号的居民因为生活困难,自发地将自己的房屋出租给入驻企业。他与企业签约,在不损坏建筑外形的前提下,改装住宅内部成为创意企业的店铺。企业不仅付给他房租,还雇佣他做保安,收入增

---

① 参见苏秉公主编:《城市的复活:全球范围内旧城区的更新与再生》,文汇出版社 2011 年版,第 87 页。
② 参见苏秉公主编:《城市的复活:全球范围内旧城区的更新与再生》,文汇出版社 2011 年版,第 91 页。

加十分可观。在他的影响下,210 弄的居民,以及对面 248 弄的居民也纷纷将住房出租给创意机构做工作室。房屋租借协议完全由各户居民与入驻企业双方自愿达成,租金也由双方通过协议决定。已经出租房屋的业主还组织成立了"田子坊石库门业主管理委员会",协调居民内部的矛盾冲突,维护弄堂居民的共同权益。自此,田子坊进入以弄堂民宅为改造对象的第 2 期改造阶段。①

田子坊前两期的改造虽然满足历史文化保护、居民利益维护和社会发展三项原则,而且已见成效,但与政府规划不太吻合,因为当时的上海市政规划已经把泰康路纳入台湾开发商建设高档办公楼和住宅的日月光中心项目。从 2004 年起,厉无畏、阮仪三等国内知名专家学者不断为田子坊呼吁、论证,提醒政府和社会珍惜上海的城市文化遗产。田子坊决策层、运营主体也不断向区、市政府部门陈述田子坊改造的独特性,给上海城市发展带来的综合效益,以及对即将来临的世博会的重要意义。大多数原住居民和入驻企业也纷纷写信向政府反映田子坊改造给城市和自身发展带来的好处,要求政府部门给予政策性肯定。2008 年,经过多方的共同努力,上海市政府同意将田子坊纳入城市改造规划项目,保留旧厂房和居民区,田子坊改造进入制度内的第 3 期。随后卢湾区政府为田子坊组建了专门的监管机构,统筹街区的发展,保障公共安全,规范市场行为,修缮历史建筑。同时还制定了区域内的"居改非"试点条例,为里弄住宅发展文化创意产业扫清了法律障碍。十余年来,田子坊得到了社会各界的广泛关注和支持,其文化产业的发展也取得了辉煌的业绩,先后获得中国最佳创意产业园区、上海十大时尚地标、上海文化产业园、国家 AAA 级旅游景区等荣誉称号。②

田子坊的改造在中国城市建设中具有标志性意义,它不同于以往的那种

① 参见苏秉公主编:《城市的复活:全球范围内旧城区的更新与再生》,文汇出版社 2011 年版,第 93 页。

② 刘泓、袁勇麟主编:《文化创意产业十五讲》,四川大学出版社 2012 年版,第 135 页。

"自上而下"的政府主导型改造模式,而是一次"自下而上",先由多层次民间主体共同参与、推动,然后与政府部门商议、协调而实现的改造模式,无论是改造理念、规划设计,还是运营机制都有很大的创新。田子坊的成功也给我们很多启示:首先,在城市建设过程中,不仅金钱、土地可以作为资本,文化也可以作为资本,后者比前者更具有可持续性;其次,对于文化遗产而言,保护就是发展,其存在的价值不是眼前的经济利益所能比拟的;再次,历史街区的复兴离不开文化产业的支撑,而文化产业的发展又需要文化人与文化创意机构的引领;最后,历史街区的保护离不开原住居民的参与,他们的利益诉求应当得到尊重,他们的生活方式是文化遗产鲜活的组成部分。

(六)矿冶文化旅游加速黄石城市转型

黄石位于湖北省东南部、长江中游南岸,是一座矿冶之城。商代晚期,这里就开始了铜矿的采掘、冶炼,境内铜绿山因此而得名。三国时期,这一带又成为东吴政权采掘铜铁矿、铸造兵器的场所。唐末,此地设立官方冶炼机构——青山场院,专为淮南节度使杨行密炼铜。南唐时,青山场院升格为大冶县,即取大兴炉冶之意。北宋时,朝廷在铁山东面设立磁湖铁务,大力开采铁矿。明初,黄石地区开始采煤和烧炼石灰石,同时冶铁业继续发展,湖广兴国冶(设在大冶、阳新)、黄梅冶与江西进贤冶并称全国三大官铁。清末,湖广总督张之洞兴建汉阳铁厂,开办大冶铁矿为原料基地。1908年,汉阳铁厂、大冶铁矿和萍乡煤矿合并为"汉冶萍煤铁厂矿有限公司",是中国最早使用机器的钢铁联合企业,也是当时亚洲最大的煤钢联合企业。中华人民共和国成立后,黄石依托丰富的矿产资源,先后组建大冶特殊钢集团公司、大冶有色金属公司等一批大型骨干企业,成为名副其实的"钢城"。在20世纪90年代以前,黄石城市规模和工农业产值一直稳居湖北省第二位。[1]

---

[1] 中共黄石市委宣传部编印:《五彩黄石》,2010年,第59页。

2007 年,黄石主体矿产资源进入开采晚期,可开采资源严重不足,黄石成为一个典型的资源枯竭型城市。随着大批矿山闭坑、企业倒闭,黄石失业人数大幅增加,民生问题日渐突出:截至 2008 年底,全市下岗职工人数累计达到 10 万多人,其中采掘业及初级产品加工业下岗人数占 80% 左右;黄石离退休职工 13 万多人,市级企业基本养老保险基金收支缺口累计达到 3.6 亿元;全市隐性失业率一直居高不下,职工脱贫困难大,就业和再就业压力加大。由于长期依赖矿产资源,黄石的产业结构严重失衡:2006 年轻重工业比例达 7.9:92.1;冶金、能源、建材、机电等支柱产业没有配套产业支持,不能形成规模效应和集群效应,竞争力不足。而黄石资源型和高耗能的产业结构还导致了严重的生态破坏:2008 年,城市空气质量仅为国家三级标准;需要治理的矿山地表植被面积约 7 平方公里;开矿而形成的塌陷区有 8.4 平方公里,地裂、泥石流等地质灾害时有发生。由于各种问题丛生,黄石城市发展陷入困境。①

为了走出困境,黄石开始从"因矿立市"向"生态立市"转型,通过削减和控制中心城区的污染源,修复磁湖、黄荆山等自然生态环境,塑造山水园林风貌和滨江城市景观,构筑适宜人居住、可持续发展的生态城市。黄石的城市转型有良好的外部机遇:2007 年,武汉城市圈获准成为全国资源节约型和环境友好型社会建设综合配套改革试验区,黄石作为圈内副中心城市可以优先获得国家产业发展政策支持;2008—2009 年,大冶市、黄石市先后列入全国资源枯竭型城市和产业转型示范城市名单,获得中央财政的财力性转移支付资金支持。② 而黄石发展的内部条件也很充分,除了拥有磁湖、西塞山、东方山等风景名胜,还有丰富的工业遗产和矿冶文化资源:全国重点文物保护单位有铜绿山古铜矿遗址、鄂王城遗址、汉冶萍煤铁厂矿旧址 3 处,重要矿冶工业遗产

---

① 参见樊纲、马蔚华主编:《低碳城市在行动:政策与实践》,中国经济出版社 2011 年版,第 195 页。

② 参见聂亚珍、杨成刚:《资源枯竭型城市永续发展战略》,光明日报出版社 2014 年版,第 121 页。

有大冶钢厂、老下陆火车站旧址、利华煤矿老坑井口等 12 处,各类文化遗迹 2103 处。① 这些资源都可以变废为宝,发展特色旅游业,促进消费,吸引投资,带动基础设施建设,加快城市的转型升级。

之后,黄石矿冶工业遗产开发取得了重大的进展:2006 年,黄石建成中国第一家铁矿山博物馆——大冶铁矿博物馆,全面展示了我国近代钢铁工业发展史、日本掠夺我国矿产资源的屈辱史、中国工人阶级艰苦卓绝的创业史。随后,大冶铁矿通过对长达 1700 余年的矿冶文明进行梳理整合,并将具有 3000 多年历史的铜绿山古铜矿遗址纳入其中,形成"一园两区"的黄石国家矿山公园,这是全国首批、湖北省唯一的国家矿山公园。黄石国家矿山公园以其独特的矿冶旅游资源吸引了众多的游客,2007 年开园首月即有 30 余场次大型会议代表来此参观,引发了当地会务旅游的热潮。2010 年,中国·黄石首届国际矿冶文化旅游节暨建市 60 周年庆典活动成功举办,黄石国家矿山公园成为此次旅游节的一个主要景点,并且受到我国文化遗产界的广泛关注。② 2011 年,湖北省政府批准建立黄石工业遗产片区,它由汉冶萍煤铁厂矿旧址、华新水泥厂旧址与黄石国家矿山公园构成。2012 年,该遗产片区入选世界文化遗产预备名单,这是迄今为止中国近现代工业遗产获得的最高荣誉。③

目前,黄石初步完成了由"光灰城市"向"矿冶文明之都、山水宜居城市"的华丽转身,而矿冶工业遗产在此过程中发挥了重要作用,旅游业成为城市的一项支柱产业,五大矿冶工业遗址(铜绿山古矿冶遗址、大冶铁矿露采遗址、汉冶萍煤铁厂矿旧址、华新水泥工业遗址、源华煤矿遗址)成为湖北的知名旅游品牌。黄石的成功经验对于国内许多传统工业城市、资源枯竭型城市的转型发展都有借鉴意义:首先,工业遗产见证了工业活动对历史和今天所产生的

---

① 参见舒韶雄等:《黄石矿冶工业遗产研究》,湖北人民出版社 2012 年版,第 132 页。
② 参见舒韶雄等:《黄石矿冶工业遗产研究》,湖北人民出版社 2012 年版,第 292 页。
③ 参见刘金林:《汉冶萍铁路与黄石工业遗产特区旅游》,《旅游纵横(下半月)》2014 年第 18 期。

深刻影响,体现了城市文化的差异性和独特性,工业遗产保护对于传统工业城市来说尤为重要,是其特有的文化遗产和宝贵的社会财富;其次,工业遗产旅游是新兴的旅游项目,它既能展现城市的历史记忆,又能改善废旧厂矿的生态环境,最终实现对工业遗产的充分利用,是资源枯竭型城市的一项重要替代产业;再次,工业遗产的开发要多头并举、综合利用,除了建设博物馆、遗址公园,发展旅游业,还可以结合城市发展规划,打造文化产业园区,开展美术创作、产品研发设计,同时满足市民的购物、休闲、娱乐需求。

三、案例启示

他山之石,可以攻玉。前事不忘,后事之师。国际国内城镇化的众多案例表明,文化是城镇化的动力,而非阻力。城镇化离不开文化的光照指引,离不开文化的强劲推动。今天我们推进新型城镇化,应当有意识地更加重视文化的力量,重视文化的“无用之用”。

(一)城镇化应当保护和利用文化遗产

文化遗产是城市的宝贵财富和特种名片,具有难以估量的经济、社会和文化价值。在城镇的建设和发展过程中,应严格保护古城古镇、历史街区、文物古迹,包括其整体格局和建筑风貌,避免大拆大建、以假乱真。文化遗产在做好保护工作的同时还应合理规划、科学利用,在保护中利用,在利用中保护。

保护和利用文化遗产可以留住人们的“乡愁”,让该地有“温度”。每个城市都是一本打开的书。墨西哥城重视文化遗产保护,让城市成为一本生动的历史教材,因此使该城成功跻身“世界文化名城”之列,极大地提升了城市的知名度、美誉度,增强了当地人的自豪感、归属感。山西平遥完整保留古城,不仅延续了地方的传统和文化,承载了当地人的“乡愁”,而且也已成为该城市的形象和品牌、成为平遥最吸引人的地方,正是它的存在赋予了平遥最强大的生命力、发展力。西安大明宫遗址公园建设则告诉我们,文化遗产是城市的珍宝,是城市可持续发展的资本,彰显着城市的特色,是城市"我"之为"我"的根基,我们有责任、有义务对它进行科学的、全面的保护。

保护和利用文化遗产可以推动旅游业发展,让该地增加收入。发展旅游需要"文化"这个灵魂,文化的传播需要旅游作为载体。有文化的地方更能吸引人们前往、吸引人们深入探究。案例中无论是墨西哥城、法国南特市、英国伦敦和国内的西安、平遥等地的发展,很大程度上都是得益于对文化遗产的保护和利用,带动了文化产业及其相关产业发展,有力有效拉动了经济,焕发了城市的生机和活力。

(二)城镇化需要培育和壮大文化产业

文化产业是城市经济、社会发展的重要支柱,具有资源消耗低、环境污染小、市场潜力大等诸多优势。在城市的建设和拓展过程中,地方政府如果能够挖掘本地的历史文化资源,开发各种文化遗址,培育相关文化产业,不仅可以促进城镇经济发展、推动城镇产业升级,还可以此保护城镇文化资源,增强城镇"软实力"、提升城镇竞争力、助推城镇可持续发展。

培育和壮大文化产业,可以拉动城镇的经济。文化产业的重要特点是将文化融入产业,产业因为有文化、有"故事"而蓬勃发展,从而拉动经济。四川蒲江明月村本是一个名不见经传的相对偏远的山村,凭借其自然田园风光和陶艺文化遗产发展文化产业引来八方来宾,2016年迎来游客15万人次,农民人均纯收入超1.8万元,2017年更是被评为四川百强名村。明月村的成功,不仅为产业扶贫、共同致富树立了榜样,而且为新农村建设、乡村振兴提供了样板。可以说,发展文化产业是有力有效拉动城镇经济的一个重要路径。

培育和壮大文化产业,可以激发城镇的生机。文化产业在为一方民众创收的同时,也使一方土地带来了"人气",增添了活力。上海田子坊原是一个典型的弄堂街区,当地办事处租下闲置的弄堂厂房,强力整治环境,然后引入市场机制,以街道办名义招揽具有文化创意的民营企业,交给其旧厂房的经营运作权,在此过程中发挥名人效应,引来一批文创工作者,产生"雪球效应",让沉寂已久的弄堂重新找回了文化气息,同时也使弄堂、使历史街区焕发了生机,成为上海的"时尚地标"。

培育和壮大文化产业,一定要强化特色。一个城市没有特色就没有吸引人的地方,就缺少生命力,缺少竞争力。法国南特市作为造船工业城市,因产业结构升级走向衰败,当地政府对其工业遗迹进行景观整合和重塑:码头的旧仓库被改造成露天茶座;工业废旧物品经过设计师重新设计成为场地的景观小品或设施,如滨水区域的座椅、路缘、栏杆或步行桥;对大量的工业遗产进行改造和利用,弥补了传统工业城市在建筑风格和美学魅力上的缺失;将南特造船厂厂房略加改造变成南特岛机械工作室及展览中心,成为艺术家和工程师的创意空间,供参观和游览,并提供休闲、娱乐服务……如此,不仅还带动了相关配套产业的发展,有力拉动了经济,还完整地保存了当地作为造船工业城市的历史记忆,有特色,有生命力。瑞士沃韦镇抓住雀巢公司落户该处而着力发展特色文化旅游推动自己得到发展,日本通过文化学术研究都市建设振兴日本关西城市圈,湖北黄石完成由"光灰城市"向"矿冶文明之都、山水宜居城市"的华丽转身等,都是因地制宜、强化特色使然。

(三)城镇化必须发展和繁荣公共文化

公共文化是城镇公共事业的重要组成部分,发展和繁荣公共文化是保障市民基本文化权益的重要途径,是满足"人民日益增长的美好生活需要"的必然任务。

不断完善公共文化设施,可以增强城镇功能。在城镇的拓展和建设过程中,公共文化比供水供电、交通通信、环保气象等一般的公共事业更需要公共财政的投入和支持,但是它的发展和繁荣可以极大地推动城镇文明进步。在韩国"新村运动"过程中,政府在乡镇兴建村民会馆、读书室、娱乐场、运动场、敬老院、青少年活动中心等各种公共文化设施,有力推动了当地开展文化娱乐活动,满足了群众的基本精神需求,增强了服务群众的社会功能。四川蒲江明月村因为发展同时也为了发展,修建旅游环线18公里、建成占地4000平方米的文化中心,还建了综合文化站、公共停车场、川西民居特色浓郁的明月新村等,为当地的持续发展奠定了良好的公共设施基础。

不断加强公共文化服务,可以提升城镇品质。韩国在"新村运动"中,政府注重从大学教师、学生等高素质群体中挑选志愿工作者到农村提供公共文化服务,才促进了农民与市民之间的文化交流和融合。四川蒲江明月村的发展,公共文化服务也功不可没。为了推动明月村发展,当地政府不仅启动"明月国际陶艺村项目""筑巢引凤",而且引导农户成立旅游合作社,对农户开设餐饮、客栈、茶社等提供标准并进行指导,对旅游从业人员进行培训。正是政府积极加强公共文化服务,才有效地提升了农民的文化素养,才唤醒了农民的自立自强意识,才改善了当地民众的精神面貌,才提升了整个社会的品质。

(四)城镇化应该塑造和弘扬文化精神

文化精神是城镇发展的灵魂和源泉,是凝聚人心的旗帜和纽带。市民文化素质是城市文化精神的具体体现,是塑造、弘扬城市文化精神的基础。在新型城镇化进程中,要把市民文化素质的提高、精神面貌的改变放在首位,时刻不忘宣传和教育。

塑造和弘扬文化精神,可以提振市民的精气神。人是需要精气神的。重庆忠县在城镇化过程中十分注重"忠文化"品牌的打造,注重"忠文化"遗产资源的保护和挖掘,注重"忠"文化精神的培育和弘扬,不仅实施"忠文化"系列工程,还开展相关的纪念活动、评选活动,建设相关标志性设施,制作影视作品。正是因为这样,忠县市民的思想道德素质在不断的熏陶中得到大大提升,城镇精神和文化品牌也得到塑造,以文化人、以文化城得到了较好的彰显,其市级以上道德模范数量位列重庆全市第一,市、县两级文明市民、道德标兵有数百人之众。

　　塑造和弘扬文化精神,可以推动城镇文明进步。常言道"天时不如地利,地利不如人和",好的城镇不仅物质设施完备,而且人文风尚良好,不仅有"颜值"、有"美貌",而且有"气质"、有"温度"。重庆忠县重视"忠文化"建设,推动了忠县市民的思想道德素质全面提升,众多"道德模范""文明市民"让当地的城镇化文化气息更浓、人文风尚更优,2017 年 11 月,忠县入选第五届全国文明城市名单,对忠县城镇化发展起到了极大的推动作用。

　　正如习近平指出的那样:"一个没有精神力量的民族难以自立自强,一项没有文化支撑的事业难以持续长久。"①新型城镇化离不开文化,文化——只有文化,才是推动城镇化健康前行的最深沉、最持久的力量。

---

　　① 《习近平谈治国理政》第一卷,外文出版社 2018 年版,第 52 页。

第四章　强化导向：以思想文化
引领新型城镇化

思想是行动的先导,思想文化决定行为文化。新型城镇化要得到顺利推进、健康发展,需要科学旗帜导航,需要思想文化引领,以确保目标正确、方向正确、道路正确。

一、以高点定位引领新型城镇化

有高点定位,才有高远目标,才有高强要求。根据中国共产党第十八次全国代表大会报告、《中共中央关于全面深化改革若干重大问题的决定》、中央城镇化工作会议精神、《中华人民共和国国民经济和社会发展第十二个五年规划纲要》和《全国主体功能区规划》,2014 年 3 月国家层面编制出台了《国家新型城镇化规划(2014—2020 年)》,摒弃了过去"城镇化"就是"农田变工厂、农村变城镇、农民变工人"的简单、片面的认识,明确提出走以人为本、四化同步、优化布局、生态文明、文化传承的中国特色新型城镇化道路——这正是新型城镇化建设的方向,是新型城镇化建设的目标,也是对新型城镇化的定位,是我们推进新型城镇化必须牢记的思想引领,是我们必须恪守的价值遵循。思想到位、认识到位才能措施到位、行动到位,只有在思想深处强化"以人为本、四化同步、优化布局、生态文明、文化传承"的意识,我们的新型城镇化建设才不会迷路,才能取得良好效果,才可持续,我们的新型城镇也才能更美、更好、更宜居宜业宜生活。

(一)新型城镇化必须"以人为本"

2013 年 11 月,习近平就曾强调"城镇化不是土地城镇化,而是人口城镇化"①;2016 年 2 月,习近平对深入推进新型城镇化建设作出重要指示时再次强调要"以人的城镇化为核心",要求"更加注重提升人民群众获得感和幸福感"。② 反思传统城镇化,问题很多,最主要的是忽视了社会的主体——"人",使城镇化偏离了正确轨道。新型城镇化之"新"最重要的就是回归了"以人为本"的价值导向,正如《国家新型城镇化规划(2014—2020 年)》要求的那样:"以人的城镇化为核心,合理引导人口流动,有序推进农业转移人口市民化,稳步推进城镇基本公共服务常住人口全覆盖,不断提高人口素质,促进人的全面发展和社会公平正义,使全体居民共享现代化建设成果。"③

新型城镇化强调造福于人。社会发展的终极目标是"人"不是"物",一切都应当服务于、服从于人的发展。城镇化也不例外,目的是造福百姓造福人民。党的十八届三中全会强调推进以人为核心的新型城镇化,将价值目标锁定为"人",为"人"服务,主张尊重人、依靠人、为了人、塑造人,突出"人的城镇化",着力提高人们的生活质量和幸福指数。尽管在城镇化建设过程中有各种各样的发展指标,但是再多、再重要的指标都是以提高人民群众的生活质量、确保民众有更好的未来发展为前提,新型城镇化的一切应当围绕人来展开——一要努力实现农业转移人口市民化,与城镇原住居民享受同城待遇;二

---

① 《新型城镇化的核心价值是以人为本》,《南方日报》2013 年 12 月 5 日。
② 《坚持以创新、协调、绿色、开放、共享的发展理念为引领　促进中国特色新型城镇化持续健康发展》,《人民日报》2016 年 2 月 24 日。
③ 《国家新型城镇化规划(2014—2020 年)》,人民出版社 2014 年版,第 16 页。

要努力改善城镇原住居民和农业转移人口的生产环境、努力提高其生活品质；三要加强新农村建设，让农村留守农民收入增多、生活提质。另外，还要树立牢固的人本思想，努力创造宜人的物质环境，营造良好的人本氛围，更多地体现人文关怀，使新城镇更有人情味，更宜人宜居，拥有良好的为居民服务的功能，增加居民的获得感、幸福感、归属感。

新型城镇化追求人人平等。传统城镇化不仅重"物"轻"人"，而且重"城"轻"乡"，"二元结构"明显，城乡之间、地区之间发展差距较大。新型城镇化则是力求通过对传统的户籍制度、就业制度、公共服务制度、社会保障制度等的改革实现城乡居民人人平等——不仅人格平等，而且发展机会平等（平衡教育资源、培训机会，共享现代信息）、享受待遇平等（同工同酬、同命同价）、社会保障平等……尤其要避免农村转移劳动力"种地无田、上班无岗、社保无份"，成为城镇化进程中的"弱势群体"，失去生存发展的可持续保障，让他们住有所居、学有所教、劳有所得、病有所医、老有所养，使所有国民都能感受到社会主义制度的优越性，增强民族自豪感。

新型城镇化力求生活更好。新型城镇化最重要的内容不是圈了多少地，不是建了多少城，不是修了多少路，不是立了多少楼，甚至不是多少农民进了城，而是通过调整产业结构、完善基础设施、丰富公共产品供给、改进公共服务、改善人居环境、提高社会保障，让居民有更好的就学、就业、医疗、休闲、健身等生产生活条件，推动城镇不同主体发展权利同质均等，同时推动新农村建设，消除城镇内部和城乡之间的二元结构矛盾，使农业转移劳动力深度融入城镇，使城乡居民各安其居、各乐其业、和谐相处，使城乡社会的灵魂——人普遍感到物质丰富、精神充实、生活便捷、保障有力、环境友好，不断提高人们的生活质量，不断增强人们的愉悦感、幸福感和价值实现感，让人们由衷感到城镇化使生活更美好，提高居民的生活满意度。

新型城镇化注重居民提质。人的城镇化不等于户籍城镇化，不只是"化"身份、"化"户籍、"化"待遇、"化"保障，"化"生产方式，还要"化"生活方式、

"化"观念、"化"灵魂,因此新型城镇化不仅要帮助农业转移人口"脱胎换骨",实现由"农民"到"市民"的转变,也要提升城镇原住居民的世界观、人生观、价值观,帮助其实现向"新市民"的"蝶变",还要帮助一些留村农民摆脱"小农意识",成长为"现代农民"……只有农业转移劳动力实现了"市民化"、城镇原住市民实现了"新市民化"、留守农村的居民实现了"新农民化",城乡人口的思想素质、业务素质、文明素质、法治素质等得到了较大提升,全体社会成员实现了"全员发展""全面发展",现代文明程度明显提高,这样的城镇化才真正"化"了人,才是成功的城镇化。

(二)新型城镇化必须"四化同步"

工业化、信息化、城镇化、农业现代化是人类文明进步的重要标志,也是我国现代化建设的重要抓手。目前,我国已步入工业化后期、城镇化中期、信息化快速发展期、农业现代化关键期,因此《国家新型城镇化规划(2014—2020年)》强调新型城镇化要"四化同步",要"推动信息化和工业化深度融合、工业化和城镇化良性互动、城镇化和农业现代化相互协调,促进城镇发展与产业支撑、就业转移和人口集聚相统一,促进城乡要素平等交换和公共资源均衡配置,形成以工促农、以城带乡、工农互惠、城乡一体的新型工农、城乡关系"①。党的十八大也明确提出今后要"坚持走中国特色新型工业化、信息化、城镇化、农业现代化道路,推动信息化和工业化深度融合、工业化和城镇化良性互动、城镇化和农业现代化相互协调,促进工业化、信息化、城镇化、农业现代化同步发展"②。这"四化"相辅相成、互相促进,同步发展可以收到事半功倍的效果。

"工业化"是新型城镇化的"发动机"。一个国家城镇化与经济发展是否协调,一个重要的判断标准就是看其城镇化水平与工业化水平是否适应,其工

---

① 《国家新型城镇化规划(2014—2020年)》,人民出版社 2014 年版,第 16 页。
② 《胡锦涛文选》第三卷,人民出版社 2016 年版,第 628 页。

业化的不同阶段可以反映该国经济发展的程度和城镇化发展的不同水平。工业化的发展形成产业聚集,能增加劳动力就业机会,带动劳动收入跨越式增长,能吸引众多人去到城镇,这是城镇得以发展的根本动力,因此,不断夯实工业化基础、不断扩大经济规模、不断优化经济结构,可以更好地推进城镇化。毕竟城镇的生命源于产业的活力,没有工业支撑的城镇犹如"沙漠上的大厦",难以持续发展;没有工业的推动,新型城镇化也难以推进。必须通过工业化发动城镇建设的"引擎",通过"产城融合",发展符合当地特点的工业,给城镇发展以强劲的支撑,如此才能避免"新市民"变"游民",避免"新城"成"空城",避免"拉美式陷阱"。

"信息化"是新型城镇化的"助推器"。科技改变生活,数字城镇、宽带城镇、无线城镇、智慧城镇是新型城镇发展的方向,而"信息化"正是我们达到目的的助力器,将信息化成果广泛应用于城镇化建设、将信息化发展理念始终贯彻于城镇化建设,可以帮助我们优化城镇产业结构、改变经济发展方式、发挥科技对工业生产的引领作用、发挥信息化对工业化的带动作用、发挥高新技术在城市运营系统和管理系统中的独特优势,推动新型城镇不断走向现代,不断走向智能,不断走向优质。

"农业现代化"是新型城镇化的"奠基石"。城镇化不是孤立地发展城镇,绝不等于"去乡化"。《国家新型城镇化规划(2014—2020年)》共8篇,其中第6篇题为"推动城乡发展一体化"①,可见城镇化并非简单片面地只发展城镇,而是城乡统筹、一体化发展。农业是国民经济的基础,是社会稳定、国家自立的根本,也是城镇化的基础和保障:农业现代化既可以为城镇化提供充足的农村剩余劳动力和稳定的农产品来源,还可以为城镇工业品提供销售市场,因此我们在做强城镇的同时必须带动农业和农村发展,不断加快农业现代化进程,做强农业农村,形成以工促农、以城带乡、工农互惠、城乡一体的科学发展

---

① 《国家新型城镇化规划(2014—2020年)》,人民出版社2014年版,第62页。

态势,破解城乡二元体制,相反,如果一边是日益现代的城市、工业,一边是日渐萧条的农村、农业,农业现代化得不到应有的发展,则"基础不牢,地动山摇",这样的城镇化没有根基,难以支撑,难以发展,党的十九大提出"实施乡村振兴战略",要求"城乡融合发展"①,主张农业农村优先发展,并且在党的十六届五中全会要求建设"生产发展、生活宽裕、乡风文明、村容整洁、管理民主"的社会主义新农村的基础上提出"产业兴旺、生态宜居、乡风文明、治理有效、生活富裕"的新目标,非常重要也非常必要。

(三)新型城镇化必须"优化布局"

新型城镇化不是简单的城镇扩大、人口激增、资源集聚,而是需要在充分调研与科学分析基础上的优化布局。《国家新型城镇化规划(2014—2020年)》明确提出"优化布局,集约高效",要求"根据资源环境承载能力构建科学合理的城镇化宏观布局,以综合交通网络和信息网络为依托,科学规划建设城市群,严格控制城镇建设用地规模严格划定永久基本农田,合理控制城镇开发边界,优化城市内舱间结构,促进城市紧凑发展,提高国土空间利用效率"②。

要合理布局空间。即根据资源环境承载能力进行科学合理的城镇化宏观布局,包括城乡结构、大中小城市布局、生态布局等,使大中小城市和小城镇合理分工、功能互补,促进城乡之间、大中小城镇和小城镇之间协调发展、可持续发展。目前,全国主体功能区规划对城镇化总体布局已经作出安排——提出了"两横三纵"的城市化战略格局,国家层面已将城市群作为主体形态。截至2018年2月国家发展改革委和住房城乡建设部发布《关中平原城市群发展规划》,我国除京津冀、长三角、珠三角三大"老牌"城市群,又增加了长江中游城市群、成渝城市群、哈长城市群、中原城市群、关中平原城市群5个城市群,正

① 习近平:《决胜全面建成小康社会 夺取新时代中国特色社会主义伟大胜利——在中国共产党第十九次全国代表大会上的报告》,人民出版社2017年版,第32页。
② 《国家新型城镇化规划(2014—2020年)》,人民出版社2014年版,第16页。

式形成 8 大城市群,它们作为重要增长极,分担着带动本地区的经济发展、带动全国经济整体均衡发展的重任。而在人口相对分散、资源条件相对较差的区域,则应重点发展现有城市、县城和有条件的建制镇,使之成为该地区集聚经济、人口和公共服务的中心。

要合理布局产业。城镇需要产业支撑,但产业不能随意定夺。必须在深入细致的调查研究的基础上,根据各个地方的历史条件、自然条件、生态条件、资源禀赋,系统考虑并合理布局产业:要考虑当地的特色,要发挥当地的优势,适合什么做什么,同时注意错位发展,以便达到事半功倍的效果;既要注意区域内的产业链配套合作,消除阻碍产业合作与企业流动的壁垒,也鼓励企业间联合重组,以形成具有较强竞争力的专业化企业集团。

要合理配置资源。根据生态经济系统结构,利用科学技术管理手段,在时间上、空间上最优地利用和分配自然资源、政策资源以及人财物技术信息等资源,实现资源的最佳利用,达到经济持续发展、资源永续利用,取得最佳生态效益、经济效益、社会效益的目的。

要合理分布人口。根据城乡占地大小、公共资源保障、可供就业机会等各方面的承载能力,合理引导人口向大中小城市、小城镇或农村合理自由流动,以产业、资源、环境、服务聚集人口,不断优化人口分布结构,使之不断趋于合理,促进城乡协调发展,实现城乡居民共赢,如此才能真正做到"城镇化——让人民生活更美好"——其中的"人民"不仅指城镇居民,还包括农村居民。

(四)新型城镇化必须"生态文明"

世界城镇化规律表明,城镇化过程与生态环境关系密切:通常情况下,一个国家经济发展水平较低,则其环境污染程度也相对较轻,随着经济发展,随着人均收入增加,环境污染逐渐趋高并不断加剧,当其经济发展达到一定水平后,环境污染又逐渐由高而低,环境质量逐渐得到改善。当前我国城镇化建设面临的最大瓶颈便是资源和环境的制约,一些城镇的发展超出了资源环境承载能力,人口与土地、资源、环境的矛盾日益突出,党的十八大将生态文明建设纳入社会主义现代化建设总体布局,2013 年党中央召开的第一次城镇化工作会议提出城镇化建设"高度重视生态安全"①,2014 年《国家新型城镇化规划(2014—2020 年)》要求"把生态文明理念全面融入城镇化进程,着力推进绿色发展、循环发展、低碳发展,节约集约利用土地、水、能源等资源,强化环境保护和生态修复,减少对自然的干扰和损害,推动形成绿色低碳的生产生活方式和城市建设运营模式"②,2015 年中共中央、国务院印发的《关于加快推进生态文明建设的意见》明确要求"大力推进绿色城镇化","生态文明"成为新型城镇化的应有之义。党的十九大报告更是强调"坚持人与自然和谐共生""像对待生命一样对待生态环境""生态文明建设功在当代、利在千秋",明确要求"加快生态文明体制改革,建设美丽中国""必须坚持节约优先、保护优先、自然恢复为主的方针,形成节约资源和保护环境的空间格局、产业结构、生产方式、生活方式,还自然以宁静、和谐、美丽"。如此,必须做到以下几个方面。

推进绿色生产方式。城镇化从本质上讲是一个提高经济效率、减少资源消耗和污染排放的过程。强调"生态文明",提高能源、原材料使用效率,有利于保护我们赖以生存的环境,这一方面需要加强节能减排工作,加大"三废"污染治理力度,加大生态环境保护力度,努力建设资源节约型、环境友好型城镇;另一方面也需要调整产业结构,大力发展绿色产业,推动形成绿色生产方式,尽可能地减少对自然的影响,尽可能地降低对环境的损害。我们"要金山银山更要绿水青山",绿水青山是再多的钱也换不来的金山银山,我们的发展必须造福今人、造福子孙。

倡导绿色生活方式。城镇化是一个引领人们不断走向文明的过程,要求人们不断树立和强化文明意识,并且通过良好生活方式彰显,具体而言就是要

---

① 《中央城镇化工作会议在北京举行　习近平李克强作重要讲话　张德江俞正声刘云山王岐山张高丽出席会议》,《人民日报》2013 年 12 月 15 日。

② 《国家新型城镇化规划(2014—2020 年)》,人民出版社 2014 年版,第 17 页。

让绿色生活理念深入人心,使人们意识到保护生态人人有责且应当人人尽责,提高城乡居民尊重自然、维护生态环境的自觉性与责任感,鼓励人们善待自然、善待我们赖以生存和发展的生态环境,自觉从生活中的点点滴滴做起:节电、节水、节气,不浪费,不过度包装,坚持绿色居住、绿色出行、绿色消费,履行每个公民应尽的节能减排的责任和义务,让绿色低碳、适当节俭成为现代城乡居民的生活方式。

推动形成绿色低碳的城镇建设模式和管理模式。推进绿色生态城镇建设,交通、能源、供排水、供热、污水、垃圾处理等基础设施按照绿色低碳环保的理念规划和实施;推动绿色建筑建设,以节地、节能、节材为重点,转变建筑用能结构,构建环保、绿色、健康的新型城镇建筑体系;推进绿色市政建设,构建绿色市政体系,促进资源的循环再生和重复利用……让"绿色"成为城镇的底色,将"生态文明"理念贯穿于城镇发展全过程。城镇化建设应如习近平要求的那样:体现尊重自然、顺应自然、天人合一的理念,让城镇融入大自然,让居民望得见山,看得见水,记得住乡愁。

(五)新型城镇化必须"传承文化"

文化遗产既是昨天的辉煌,更是今天的财富,能勾起人们美好的回忆,不可再生,不能新造,但是前些年传统城镇化"去历史、去文化"现象突出,让文化遗产饱受创伤,新型城镇化则必须承担起传承文化的历史使命。因此《国家新型城镇化规划(2014—2020年)》指出"文化传承,彰显特色",要求新型城镇化必须"根据不同地区的自然历史文化禀赋,体现区域差异性,提倡形态多样性,防止千城一面,发展有历史记忆、文化脉络、地域风貌、民族特点的美丽城镇,形成符合实际、各具特色的城镇化发展模式"。① 毕竟"历史和现实都表明,一个抛弃了或者背叛了自己历史文化的民族,不仅不可能发展起来,而

---

① 《国家新型城镇化规划(2014—2020年)》,人民出版社2014年版,第17页。

且很可能上演一场历史悲剧"①。2016 年 2 月,习近平对深入推进新型城镇化建设提出四个"更加注重"中"更加注重环境宜居和历史文脉传承"②赫然其间。新型城镇化的任务是建设有历史记忆、有地域特色、有民族特点的美丽城镇。

传承传统物质文化。每个地方都有自己的历史,都有自己的历史遗迹,包括特色自然村落、名镇名村名街、地方特色建筑、有故事的处所以及其他文物等,它们是不可再生的文化资源,我们应本着对历史负责、对子孙后代负责的精神和态度,根据其自然风貌特征和历史文化禀赋建设城镇,对传统文化心存敬畏,在推进城镇化的同时将它们保护好传承好,认真贯彻 2013 年 12 月中央城镇化工作会议精神——"依托现有山水脉络等独特风光,让城市融入大自然,让居民望得见山、看得见水、记得住乡愁;要融入现代元素,更要保护和弘扬传统优秀文化,延续城市历史文脉","要传承文化,发展有历史记忆、地域特色、民族特点的美丽城镇",③认真落实 2015 年中共中央、国务院《关于加快推进生态文明建设的意见》——"保护自然景观,传承历史文化,提倡城镇形态多样性,保持特色风貌,防止'千城一面'",确保城镇化建设对得起子孙,也无愧于祖先。

传承传统非物质文化。文化就中华民族而言,有不同于其他民族的观念、习俗、节日等;就国内各个地方而言,"十里不同风,百里不同俗",各地也都有自己不同于其他地方的语言文字、音乐舞蹈、生活方式、民风民俗、风土人情、独特技艺、乡规民约等。正是因为各地有其自己的文化,大千世界才百花齐放多姿多彩。新型城镇化就是要留住这千姿百态的文化,就是要守护和传承好

---

① 《习近平谈治国理政》第二卷,外文出版社 2017 年版,第 339 页。

② 《坚持以创新、协调、绿色、开放、共享的发展理念为引领 促进中国特色新型城镇化持续健康发展》,《人民日报》2016 年 2 月 24 日。

③ 《中央城镇化工作会议在北京举行 习近平李克强作重要讲话 张德江俞正声刘云山王岐山张高丽出席会议》,《人民日报》2013 年 12 月 15 日。

美丽的民风民俗，就是要让各个地方以高度的文化自信和文化自觉各彰其美，呵护弥足珍贵的"乡愁"，让人能够因此抚今追昔触景生情，回想起自己从小怎么享受父母的关爱、怎么和小伙伴嬉戏游玩……如此才能留下文化基因，才能体现多样性、差异性，才能"相看两不厌"，才能令人怀念，才能让人思归，才能增强城镇的生机与活力。

传承优秀传统精神。2013年，习近平在全国宣传思想工作会议上指出："宣传阐释中国特色，要讲清楚每个国家和民族的历史传统、文化积淀、基本国情不同，其发展道路必然有着自己的特色；讲清楚中华文化积淀着中华民族最深沉的精神追求，是中华民族生生不息、发展壮大的丰厚滋养；讲清楚中华优秀传统文化是中华民族的突出优势，是我们最深厚的文化软实力；讲清楚中国特色社会主义植根于中华文化沃土、反映中国人民意愿、适应中国和时代发展进步要求，有着深厚历史渊源和广泛现实基础。"①"新型城镇化"是"中国特色新型城镇化"，必须传承中华民族的传统文化，传承优秀的传统精神，比如"三达德"（智仁勇），比如"五常德"（仁义礼智信），比如"古八德"（孝悌忠信礼义廉耻）等，让传统文化光辉照亮今人，让传统文化精神激励今人，让新型城镇有"根"有"魂"有品位。

二、以科学规划引领新型城镇化

凡事预则立，不预则废。城镇化是一个庞大的系统工程，工作头绪繁多，需要制定规划解决"预"的问题，避免建设的被动性、盲目性。"城镇化规划"是城镇化建设的"总纲"，只有"纲"举才能"目"张，在城镇化建设中起着战略引领和刚性控制的重要作用。有规划"领航"，新型城镇化才能推进得更顺更好。正是因为这样，2012年党的十八大正式提出"新型城镇化"；2014年2

---

① 《习近平谈治国理政》第一卷，外文出版社2018年版，第155—156页。

月,习近平考察北京市城市规划建设时指出:考察一个城市首先看规划,规划科学是最大的效益,强调"规划失误是最大的浪费,规划折腾是最大的忌讳"①;当年3月中共中央、国务院印发《国家新型城镇化规划(2014—2020年)》,2015年第十二届全国人民代表大会常务委员会第十四次会议修正完善了2007年第十届全国人民代表大会常务委员会第三十次会议通过的《中华人民共和国城乡规划法》;2016年,中共中央、国务院印发《关于进一步加强城市规划建设管理工作的若干意见》。

(一)重视规划,服务发展

当前,虽然已经有了全国性的总规划——2014年出台的《国家新型城镇化规划(2014—2020年)》,各地应当认真学习贯彻并结合本地情况制定适合当地的城镇化规划,这是各地推动新型城镇化不可或缺的工作,而且是首要工作。

规划是建设的蓝图。如同绘画必须事先"胸有成竹",新型城镇化建设也必须先在心里搞清楚、弄明白要建设什么样的城镇(总目标是什么、子目标有哪些)、怎样建设城镇、分几步实现、到某个时候城镇应该是怎样的乡村应该是怎样的、人们的物质生活精神生活状况怎样等,同时明确城镇的定位和走向、明确城镇未来的空间架构、明确城镇的承载能力,如此,工作起来才能做到有条不紊、科学有序、游刃有余,才能够少走弯路不致迷路,才能有效避免城镇化进程中的文化断层及由此带来的"同质化"现象。而"规划"正是城镇化建设的"路线图",有了它,建设便可以"按图索骥",事半功倍。

规划是建设的"护卫"。科学的规划不仅有目标、措施、步骤,通常还会分析在通往目标的过程中可能出现哪些情况或问题、哪些条件可能发生变化并制定相应的应对预案,毕竟"天有不测风云",未来总是存在一定的不确定性,

① 李斌:《规划失误是最大的浪费》,《人民日报》2014年5月21日。

事先制定规划、预案,可以未雨绸缪防患未然,避免到时候措手不及,即使后来的所有情况都非常稳定,我们的功夫也没有白费,我们工作起来有底气,我们的城镇化建设也会更加顺利。

规划能够有效节约成本。在规划的指引下推进新型城镇化,可以明确人往哪儿去、钱从哪儿来、土地怎么用等,可以有意识有引导地减少人的盲目流动、拓宽资金的来源渠道、确保国土资源有效利用、有序开发,可以减少城镇化建设中的过程性浪费,使政府降低成本,让人民得到更多实惠。

(二)科学规划,统筹全局

规划事关全局,事关长远,必须科学谋划,注重前瞻性、科学性、可行性。

城镇化规划应目光高远。规划不同于一般的计划,是管长远的,规划做得好与不好,直接决定这个城镇的功能效用,体现这个城镇的文化品位,因此必须以尽可能宽广的视角,以历史的、发展的、长远的眼光制定规划。既要准确把握城镇化发展的现状和阶段性特征,又要厘清存在的问题,还要清醒把握城镇化发展的规律和趋势,在规划中准确定位本地城镇化的目标、方向以及发展路径、发展方式,应如习近平在北京通州区调研时指出的那样:"不但要搞好总体规划,还要加强主要功能区块、主要景观、主要建筑物的设计,体现城市精神、展现城市特色、提升城市魅力。"[1]

城镇化规划应理念先进。理念决定规划的层次和水平。理念新,规划才新;理念先进,规划才可能先进。那么,怎样的理念才可谓之"先进"呢?一是要有创新发展理念以破解城镇化难题。比如创新户籍制度加速农民的市民化步伐;创新土地制度提高城乡土地使用效率;创新投融资制度拓展城镇化资金渠道,创新社保制度更好地保障城乡居民权益等。二是要有协调发展理念以促进城乡共进、促进区域协调、促进产城融合。前些年出现"城市病"的很大

---

[1] 《未来之城——北京城市副中心》,《人民周刊》2017年第4期。

原因在于扩城去乡，在于区域失衡、在于产城发展不协调，应以协调发展理念引领新型城镇化，坚持城乡融合发展，坚持各区域统筹推进，坚持以产兴城产城融合。三是要有绿色发展理念以保护城乡生态。提倡绿色生产，倡导绿色生活，进一步尊重自然、保护自然，注重低碳发展、环保发展，节约集约利用资源，多一些自然美，人与自然和谐相处，促进发展可持续。四是要有开放发展理念以拓展城市发展空间。要以开放的视野、开放的胸襟推进新型城镇化，在全国发展中找准自身定位，加强区域内及区域间对接合作，学习其他城镇的发展经验，积极走出去参与国际竞争，在学习和竞争中不断壮大自身。五是要有共享发展理念以提升"城镇温度"。城乡居民都是国家的主人，应当共享城镇化发展成果，新型城镇化应当处理好建设与保障的关系，实现同城同待遇、城乡居民有公平的发展机会，让所有城乡居民都能感受到新型城镇化带来的温暖，增强人们的获得感、归属感，让人民生活得更舒心更幸福。将这些发展新理念融入规划全过程，以此制定的规划才是高品质高层次的，才能管长远。

城镇化规划应多规合一。从本质上讲，城镇化规划是一种政策表述，是一级政府对该地区的建设和发展在未来一定时段的谋划，对该地区的企事业单位和社会团体的建设具有导向功能，帮助各单位各部门明确未来发展目标，消解因未来目标不确定可能带来的影响，提高决策的质量，因此各地的城镇化规划最好将不同类型、不同性质、不同层次的各种规划协调统一到与城镇发展的总体目标相一致的方向上来，即按照《城乡规划法》的要求，以《国家新型城镇化规划（2014—2020 年）》为引领，同步编制国民经济发展规划、城市（村镇）建设规划、城乡空间布局规划、土地利用规划以及供水、供电、道路、管网、天然气等公共服务专项规划、传统文化保护规划等并不断完善，使它们彼此精准对接，实现地区空间资源一体化配置，促进城乡建设协调发展。只有"多规合一"，形成一本规划、一张蓝图、实现一盘棋推进，才能做到城镇布局与城镇战略定位相一致、人口资源环境与城镇战略定位相协调、土地利用与城镇战略定位相匹配、产业发展与城镇战略定位相符合、服务保障能力与城镇战略定位相适应。

城镇化规划应科学合理。规划在城镇化建设中发挥着引领作用,必须科学合理,要从当地的自然禀赋、民俗乡情、产业基础、经济条件等各种资源出发,从实际情况出发,扬长避短,因地制宜,既要体现前瞻性,也要考虑可行性,既要体现时代风貌,也要体现地方风格,总之要符合实际、特色鲜明,体现科学性、合理性。传统城镇化阶段出现的"城市病"说到底是"规划病",因为缺少规划或规划欠科学、欠合理才导致的,在科学合理的规划的引导下,城镇化建设可以充分发挥自身的优长、充分利用自己的优势,可以将人和地、产业和环境、城市和生态的关系处理得更好,可以提高城镇建设的质量和效益,可以使城镇化发展更加健康更加有序。

(三)依规建设,长期坚持

规划不是做来看的,是用来指导实践的,依规建设、知行合一,规划才能发挥应有的作用。

要依规发展。有"规"可依之后还需有"规"必依。新型城镇化应当有序实施规划,将规划当作建设和发展的"宪法",在全社会形成自觉执行规划、自觉维护规划的良好氛围,充分发挥规划的引领作用、调控作用、约束作用,确保规划的权威性和严肃性。具体而言,就是要根据规划组织城镇建设、调整产业结构、实施生态保护、建设基础设施、发展社会事业、统筹社会保障。如此,不仅可以使我们的发展因思路清晰、目标明确而步履更为坚实、发展更加充满活力,不仅可以防止拔苗助长,防止盲目造城,而且因为规划在前、布局在先,我们的城乡结构、土地资源结构、人口分布结构、产业结构等能够更趋配套、更趋合理,也能够更合理地安排资金、技术、人才、信息等发展要素,实现城乡之间、区域之间的科学配置和合理流动,实现错位发展、协调发展,实现相互促进、共同繁荣。

要城乡联动。"城""乡"是一个有机整体,不可截然分割。党的十九大明确提出"城乡融合发展"的方向,就是要告诫人们城镇化不能抛弃乡,因此不仅是各地的城镇化规划中要体现城乡共进,各地的城镇化实践中也必须城乡融合推进:联动建设新城镇和新农村,推动城镇基础设施向乡村延伸,推动城镇公共服务向农村覆盖,推动城镇文明向农村辐射,推动全民社保水平不断提高,构建新型工农关系和城乡关系,不断促进城乡优势互补,不断提高城乡融合发展水平。

要长期坚持。规划一经确定就要在一定时期内一以贯之。近些年来,随着我国城镇化的快速发展,规划问题越来越受到各级各地领导的高度重视,有的甚至不惜重金"求图"。重视规划固然是好事,但一定要避免"一任领导一任规划""政府换届规划换届"。如果新领导上任则修改前任规划制定自己的新规划,那么前任领导的规划实际就此"打了水漂",一切回到原点重新开始,会造成人力、物力等各种资源的极大浪费。因此应当加快推进规划立法工作,通过立法使规划具有法定权威性,增强规划的法律约束性,使科学合理的规划一旦形成就能够管长远,各地各单位应当一届接着一届干、一锤接着一锤敲,让规划一路走下去,如此,规划"蓝图"才能变成现实,"梦"才能成真。

三、以城镇精神引领新型城镇化

新型城镇化必须强化这样一种意识——城镇和人一样,是需要一种精神的。尽管城镇的外在表现是有形的物质,但是城镇并不仅仅是各种设施的聚合体,它更是一种心理状态,是各种传统和礼俗构成并随传统流传的主流思想和情感所构成的整体,是人们的精神向往和追求。德国哲学家斯宾格勒指出:将一个城市和一座乡村区别开来的不是它的范围和尺度,而是它与生俱来的城市精神。客观地说,我国城镇正在变得越来越大、越来越美:越来越多的高楼大厦、越建越宽的公路桥梁、名目繁多的城市花园、堪比公园的居民小区……然而,这些仅仅是外表,如果生活——尤其是长期生活在其中,人们会越来越觉得城镇缺少内涵、缺乏文化、没有吸引力凝聚力，如同一个人——都说"人不是因为美丽而可爱，而是因为可爱而美丽"，其魅力更多地来自他的人品人格。一个城镇，其魅力在于她的"精、气、神"。要让市民产生或增强认同感、归属感、幸福感，从而对内增强凝聚力、向心力、感召力，对外增强吸引力、辐射力、影响力，必须重视文化的力量，必须涵养城镇精神。城镇精神是一个城镇通过其人文景观、社会风尚以及市民的价值取向、行为准则、生活方式等体现出来的共同的精神特质和价值追求。它如同一面旗帜，凝聚着城镇的思想灵魂，承载着城镇的文化历史，反映着城镇的意志品格，体现着城镇的风格品位，彰显着城镇的道德理想，代表着城镇的整体形象，引领着城镇的未来发展，是一种与城镇共命运的精神力量，它指引着城镇的建设和发展，也是城镇增强内聚力、外引力、感召力的重要条件。

（一）传承传统，汲取城镇历史文化神韵

城镇精神作为社会意识，是一个城镇历史和现实的反映。一个城镇的精神，不是由物质系统自动生成或从科研人员的研究室产生，而是城镇文化长期积淀的结果，是在丰厚的文化土壤上发育、成长起来的，贯穿了城镇的整个发展过程。涵养城镇精神，必须对城镇历史文化传统进行分析研究、取其精华弃其糟粕，如此才有"底气"、才有"根基"、才能形成准确的定位、才容易引起共鸣，才能经得起时间和实践检验，历史文化传统是城镇精神的"基因"，不能丢失。

让名人展示城镇性格。一般地说，每个地方都出过名人，比如山东曲阜有孔子、浙江绍兴有王阳明、安徽合肥有包公、河南南阳有诸葛亮、湖北襄阳有孟浩然、山西运城有关羽、四川眉山有苏东坡……这是城镇的重要资源，涵养城镇精神名人不能"缺席"，不该被遗忘，可以通过相关非物质文化遗产保护展示城镇性格、特色、志向、胸怀，以"正能量"凝聚人心、积聚人气。

让民俗彰显城镇追求。传统民俗是非物质文化遗产的一个重要组成部

分,涵养城镇精神必须重视传统民俗,传承传统民俗——比如传统节日的传统仪式或活动、比如当地特有的地方民俗活动或礼仪等,它一方面可以让市民用自己熟悉的方式和喜爱的内容来满足自身的精神需求,以释放心灵、缓解压力、表达愿景,另一方面可使人文风情"百花齐放",从而维护民族文化的根脉,确保传统文化绵延不断。

让老街名留住城镇记忆。每个城镇都有那么一些街名,记录着该城该镇的历史、书写着该城该镇的骄傲、承载着该城该镇的伤痛,反映着该城该镇市民的生产生活和美好向往。以重庆为例——其九开八闭十七座城门(朝天门、千厮门、临江门、通远门、南纪门、储奇门、金紫门、太平门、东水门、翠微门、洪崖门、太安门、金汤门、凤凰门、人和门、定远门、福兴门),每个都有历史,每个都有故事,街名如"杨柳街""邹容路""五四路""沧白路""神仙口""会仙桥""打铜街""磁器街""小米市"……看到街名就能感受到其中不可再生的历史信息,就能唤起重庆城的过往记忆,对涵养城镇精神有着不可低估的重要作用,如果将"朝天门广场"改为一度传闻的"来福士广场"、将那些承载着历史、承载着"乡愁"的街名改为"南大街""西小街""东风路""捍卫路""朝阳路"则文化尽失、作用尽失。

(二)观照现实,体现先进文化发展方向

城镇精神贯穿于一座城镇的过去、现在与未来,是城镇昨天的意蕴、今天的品牌、走向明天的动力,因此它一方面不能割断历史、不能割断文脉,另一方面它也必然要烙上所处时代的印记、反映当下市民的关切、体现时代前进的方向。正如《国家新型城镇化规划(2014—2020年)》指出的那样,要"发掘城市文化资源,强化文化传承创新,把城市建设成为历史底蕴厚重、时代特色鲜明的人文魅力空间"。

城镇精神应响应时代关切。任何一种精神的形成,都必然要打上时代的烙印。城镇精神是城镇自身的历史文化、社会风气以及市民的价值观念、精神

境界等诸多因素的综合凝聚,是该城镇的主流精神价值的概括和集中,必然带着时代的印记,必然彰显时代的要求。城镇精神只有与时代相关联,与时代精神相契合,才能承前启后、发出时代强音,才能内聚人心外塑形象,才能引导市民团结奋进。

城镇精神应回应市民心声。城镇精神不仅应对历史文化等先天禀赋充满敬意,还应尊重民意。市民是城镇的主人,是涵养城镇精神的主体,城镇精神应重视市民的关切,体现大多数市民的目标诉求和价值追求,最好能道出市民心声引发市民共鸣,如此才能增强市民的认同感、归属感、责任感、使命感,才能使市民愿意参与、自觉参与,在工作生活中自觉将城镇精神"内化于心,外化于行",凝心聚力、团结进取,才能使城镇精神得到更好的落实和弘扬。

城镇精神应引领未来方向。城镇精神不仅是城镇生存发展的灵魂支柱、是城镇发展的动力源泉,更如一面高扬的旗帜,为城镇发展指引方向,引领城镇不断前行,因此不仅要植根历史,也要超越历史,不仅要反映时代,更要超越时代。唯其如此,城镇精神才能发挥其"导向"功能,才能更好地以文化人,才能帮助市民不断完善,才能促进社会风气在潜移默化中得到改善,才能推动城镇走向更好、越来越好。

(三)突出特色,展现城镇独特魅力

越是民族的才越是世界的,独具风采才能彰显个性。城镇精神代表着这个城镇的整体形象,彰显着这个城镇的特色风貌,引领着这个城镇的未来发展,因此应突出特色、彰显个性、展现"这个"城镇的独特魅力。

城镇精神要力求独树一帜。世界上没有两片完全相同的树叶,由于历史传统、地理地貌、经济水平、社会心理、风俗习惯等不同,每一个城镇都应有自己与众不同的气质和精神,不能简单复制粘贴。就像说到巴黎就想到浪漫,说到威尼斯就想到水城,说到耶路撒冷就想到宗教,说到伦敦就想起金融,说到纽约就想到华尔街一样,北京有"皇城根儿"、西安是十朝古都、杭州有西湖长伴、重庆是傍水山城……每个城镇有各自不同的资源禀赋,而城镇精神好比一个城镇区别于另一个城镇的"DNA",各各相异。城镇精神有特色、有个性,才能永葆生机和活力,它甚至在一定程度上决定了这个城镇的内在生命力。

城镇精神应注意形神相合。城镇精神应与城镇的客观环境、客观条件相符合,与城镇的外部形象相协调,与城镇的发展要求相适应,必须体现城镇当下物质文明、精神文明和政治文明的建设成果,体现城镇先进文化的发展方向。定位准确,城镇精神与城镇的客观情况可以达到"形神合一"的境界、可以取得"相得益彰"的效果,城镇精神能够更加深入人心,能够释放更大张力。

城镇精神要注重深度挖掘。城镇精神是城镇的灵魂,可以通过城镇硬件体现,但主要是通过城镇软件彰显,因为城镇精神说到底是城镇人的精神——市民是城镇的主体,市民的性格与气质、境界与胸怀直接影响城镇的品质和精神(是"人化"的结果),反过来城镇精神对市民也有深刻的影响(能够"化人")。因此对城镇精神要往深处挖掘,以彰显该城镇人们特有的精神风貌和向往追求。

城镇精神应强调市民认同。城镇精神是城镇道德理想和文明素养的综合反映,是城镇意志品格的准确提炼,是市民人生理想与价值观念的浓缩与升华,因此必须为广大市民所接受、所认同,如此广大市民才会心向往之,才会奋力追求,才会自觉践行,才能成为全体市民的文化认同和精神支柱,才能使城镇在对外提高知名度、美誉度的同时对内增加凝聚力、向心力,才能增强市民对城镇的归属感、荣誉感、自豪感和主人翁责任感。

(四)凝聚共识,科学提炼简洁表述

"城镇精神"表述语需要提炼,尽可能在市民中获得最大限度的共识,为绝大多数人所认同,成为绝大多数人日常言行的遵循。

城镇精神强调正面性。城镇精神说到底是一种导向,如习近平所说的那样,"导向正确,就能凝聚人心、汇聚力量,推动事业发展"①。一个城镇的精神诉求和精神表述,应是该城镇的主流精神价值的概括和集中,应当与社会主义核心价值观具有正向关联,能激励市民向善向上奋发有为,确保城镇发展方向正确。

城镇精神强调贴切性。城镇精神表述语,不是政治口号,也非旅游宣传,不必面面俱到,不必太过高大上,更不要人云亦云拾人牙慧,而应当接"地气",应当突出该城该镇的特点,切合该城该镇的精神特质,若能做到"不可替代"则为最佳。

城镇精神强调鲜活性。城镇精神要用来指导市民的言行,因此城镇精神不应用抽象的、艰涩的或隐晦的词语,必须在市民的日常生活中被深切地感知,让市民感觉亲切,能引发市民的共鸣,能为市民所喜爱,从而自觉地奉行。

城镇精神强调简洁性。城镇精神不是用来写在稿中或挂在墙上,是用来指导广大市民言行的,只有简洁明了,才能为人们所牢记,才能方便市民践行,才能形成强大的精神力量,对外也才易于传播,才能给别人留下深刻印象。

---

① 俞文:《完善坚持正确导向的舆论引导工作机制》,《光明日报》2019 年 12 月 11 日。

第五章　凸显内涵：以物态文化彰明新型城镇化

物态文化是看得见、摸得着的具有物质实体的文化事物，是城镇化成果的直观表达。新型城镇化需要思想引领，需要公共文化推动，需要文化产业促进，也需要物态文化支持。

一、强化"新型"理念，让城镇展现"新貌"

所谓物态新型的城镇，指城镇符合新型城镇化建设的理念，而绝非人们过去头脑中原有的模式，其基本要求是：

（一）城市乡村合理布局

新型城镇化要的是破除城乡二元结构，要的是城镇乡村统筹发展，要的是城乡生产要素合理流转平等交换，要的是公共资源人人有份均衡配置，要的是实施城乡一体化发展战略，要的是明天更美好，因此我们的城镇和城镇化建设必须注意合理布局，即根据资源环境承载能力科学合理地布局城乡空间，以"城市群"为主体形态，以"大中小城市和小城镇协调发展"为基本原则，注重各自分工、强调功能互补，避免城镇之间、城乡之间发展畸重畸轻。

重视科学。城乡布局不仅要着眼现实,还要着眼未来,因此必须重视科学。早在20世纪30年代,我国地理学家胡焕庸就划出"瑷珲—腾冲一线"(后改提"黑河—腾冲线")即"胡焕庸线"。这条线不仅是我国人口密度的对比线、气候干湿的分界线,而且某种程度上也是目前城镇化水平的分割线,这条线本身也是一条生态脆弱带,沿线地震、泥石流、荒漠化等地质灾害相对较多,以至于著名理论地理学家牛文元感叹"胡焕庸线搞好了,中国就好了"。对于这样的客观存在,我们不能回避,必须直面,城镇化进程中难免有扩城建城之举,布局城乡时必须有所考虑、有所规避、科学谋划,着眼长远。四川汶川正是位于这条线上。笔者调研四川汶川新型城镇化推进情况得知,当地政府已经意识到这个问题,灾后重建重新选址时有意识地避开了地质断裂带、避开了高山峡谷、避开了地质灾害隐患点。

有城有乡。新型城镇化要求有城有乡。城镇化建设,城镇是当然的主角,但并不意味着不要农村,并不等于"去乡化"。现代人在喧嚣的城市中快节奏地工作和生活太久,会向往哪怕是短期的简单质朴的"慢"生活,向往越来越稀缺也越来越珍贵的传统文化、田园风光、乡土风情等,乡村恰恰能承担起这样的功能,这其实还是其次。更为重要的是"民以食为天",乡村关乎每个人的吃饭问题,没有了乡村,没有了农业农民,社会难以稳定,可见乡村与城镇功能互补,绝对不可截然割断。如果农村消失或者"空心化",任由城镇单极发展,这样的城镇化是单调的,更是不健康的。保护好农村其实是城镇化的另一极,这正是党的十九大报告提出"实施乡村振兴战略"的重要原因,因此应该提前谋划,合理布局城乡,构架合理的城乡体系,实现大中小城市和小城镇合理布局,合理承载人口,协调发展,在其间找到一个合适的均衡点,既要减少对农村的破坏,保护好人们心灵的栖息地,同时也要有效减少大城市病发生,再根据城镇的具体情况和人口状况合理布局产业,实现产业与城镇、城市群的合理布局。

城像城乡像乡。通过改革开放以后几十年的快速发展,城镇面貌有了明显的改观,但农村情况却不乐观,古村落或消失,或凋敝,或失却了乡村味道……这些都是问题。2015 年 2 月 10 日,习近平在中央财经领导小组第九次会议上强调"推进城镇化不是搞成城乡一律化"①,新型城镇化追求的应当是城像城乡像乡,各施其责,各尽其能,各美其美,美美与共。就目前而言,需要在大力发展城镇的同时大力发展农村,这里所说的发展不仅仅是繁荣经济,更要保留农村的"乡土"气息、传统"味道",留住乡土中国的文化根脉,守住我们心中魂牵梦绕的乡愁,既不能将乡村"弄丢",也不能让乡村"变味",不能亦城亦乡城乡难辨,乡村改造是应该的、也是必需的,但是不能丢掉农村固有的风情风貌,不能简单套用城镇建设模式,不能将乡村"洋化"或"城镇化",不能割断农村的历史和传统,不能毁掉田园风光,避免"游子在外打拼,转身却发现每个人的家乡都已沦陷"的心灵失落。

城乡共进统筹发展。城乡共进统筹发展包括两个方面:一方面是各类城镇统筹发展。中国的城镇化绝对不只是孤零零的北上广挺立,也绝对不只是中原腹地二线三线城市模仿北上广做国际大都市,而是由诸多功能互补的大中小城市和小城镇联网呈现。按照《国家新型城镇化规划(2014—2020 年)》要求,"建立城市群发展协调机制""增强中心城市辐射带动功能""加快发展中小城市""有重点地发展小城镇"②,应当以城市群为平台,强化比较优势和辐射带动作用,明确功能定位,以大带小,以强带弱,构筑全国大中小城镇的"橄榄形"结构。目前我国已基本形成"大中小城市和小城镇协调发展的'两横三纵'城镇化战略格局"③。另一方面是城乡统筹发展。新型城镇化既要实现"城镇让生活更美好",也要大力建设"美丽乡村",实现"乡村让人们更向往"。《国家新型城镇化规划(2014—2020 年)》第二十二章专章阐述"建设社

---

① 李恩平:《不能把城镇化搞成城乡一律化》,《人民日报》2015 年 8 月 17 日。
② 《国家新型城镇化规划(2014—2020 年)》,人民出版社 2014 年版,第 34—37 页。
③ 《国家新型城镇化规划(2014—2020 年)》,人民出版社 2014 年版,第 30 页。

会主义新农村"①,可见城镇化并不排斥农村建设,就像每个人都有属于自己的乡恋与乡愁,每个村落都有自己的文化根脉,我们在建设城镇、繁荣城镇的同时也要建设安放我们心灵的故乡,不断改善村容村貌,整理提炼文化资源,彰显乡村的文化积淀,实现文化的活态保护。

(二)"四化"同步协调推进

2012年党的十八大报告提出要"促进工业化、信息化、城镇化、农业现代化同步发展"。《国家新型城镇化规划(2014—2020年)》更是指出:"当今中国,城镇化与工业化、信息化和农业现代化同步发展,是现代化建设的核心内容,彼此相辅相成。工业化处于主导地位,是发展的动力;农业现代化是重要基础,是发展的根基;信息化具有后发优势,为发展注入新的活力;城镇化是载体和平台,承载工业化和信息化发展空间,带动农业现代化加快发展,发挥着不可替代的融合作用。"②要求"推动信息化和工业化深度融合、工业化和城镇化良性互动、城镇化和农业现代化相互协调,促进城镇发展与产业支撑、就业转移和人口集聚相统一,促进城乡要素平等交换和公共资源均衡配置,形成以工促农、以城带乡、工农互惠、城乡一体的新型工农、城乡关系"③。四化同步协调发展是新型城镇化建设的重要遵循。

推动信息化和工业化深度融合。城镇化离不开工业化,在城镇化已然进入新阶段的今天,工业化不仅需要"做大",而且需要"做强"。陷入"中等收入陷阱"经济体的一个深刻教训,就是没有在成本上升后及时推进产业升级,以至于逐渐丧失竞争力和增长动力。今天的我们正在遭受成本上升、需求放缓的"双重挤压",推进技术进步、不断优化结构、促进产业升级已经成为我们的必然选择,而"信息化"正好为工业的转型升级提供了根本的机遇和方向:以

---

① 《国家新型城镇化规划(2014—2020年)》,人民出版社2014年版,第67页。
② 《国家新型城镇化规划(2014—2020年)》,人民出版社2014年版,第3页。
③ 《国家新型城镇化规划(2014—2020年)》,人民出版社2014年版,第16页。

信息化技术改造现有产业,着力推进物联网、云计算等先进信息技术在工业产、供、销以及安全监管各环节各端口的应用,可以有效推动传统生产力提档升级、实现"智能化"、实现脱胎换骨的提升,可以带动战略性新兴产业发展、高技术产业"星火燎原"。

促进工业化和城镇化良性互动。工业化是城镇化的基础,城镇化是工业化的保障,新型城镇化必须与工业化良性互动才能得到更好的发展。一方面,推动工业化为城镇化消除后顾之忧:城镇化的一个很大的特点就是有一大批农村富余劳动力进城,工业化可以提供更多的就业岗位,让进城务工人员能够在城镇找到"活路",能够不断提高收入水平和生活水平,能够在城镇过得好留得住,有效促进"农民转变为市民",避免进城农民沦为城镇贫民,总之,产城融合,让工业化创造的社会供给与城镇化激发的社会需求有机衔接,可以以产兴城;另一方面,推动城镇化为工业化提供人员保障和环境保障:实施就业培训"安心工程",帮助进城务工人员提质强能,为工业化提供各方面素质越来越高强的劳动力资源,实施社会保障"安享工程"、住房保障"安居工程",促进进城务工人员与城镇居民享有同等的教育、医疗、文化、住房等公共服务,让工业化发展更有底气、更有动力。

实现城镇化和农业现代化相互协调。新型城镇化不是只管只顾城镇,而是要以城带乡、城乡共荣,走出一条不以牺牲农业、农村、农民为代价的路子,要推进城镇化进程中的"城乡"协调,促进城乡发展一体化,应当在公共服务、社会保障、基础设施上向农村倾斜,不断缩小城乡差距,避免城镇化过程中出现城市病或再现"城乡二元"。笔者对农民工进行过抽样调查,一是调查他们是否愿意回乡务农,调查结果显示,84%的农民工表示不愿意,其中新生代的留"城"意愿更为强烈。二是调查他们为何不愿回乡务农,排在前三位的是:务农收入少,孩子上学不便,就医条件差。新型城镇化应该改变这种情况,应当推动城镇化和农业现代化协调发展,互补互促,既让城镇居民生活更美好,也让农村居民生活更幸福。

（三）生态文明和谐发展

以人为本是新型城镇化的精髓和核心。人与自然是生命共同体,保护自然就是保护人类,伤害自然必然伤及人类自身,因此以人为本必须尊重自然、顺应自然、保护自然,必须重视生态文明,就像党的十九大报告指出的:"既要创造更多物质财富和精神财富以满足人民日益增长的美好生活需要,也要提供更多优质生态产品以满足人民日益增长的优美生态环境需要。"①

修复被破坏的生态。随着我国城镇化的快速发展,生态平衡被打破,造成植被破坏、水土流失或遭受污染、雾霾频袭、沙漠化等一系列生态环境问题,1999 年全国第二次土地侵蚀遥感调查显示,我国水土流失面积达 356 万平方公里,沙化土地 174 万平方公里,每年流失的土壤总量为 50 亿吨,全国 113108 座矿山中采空区面积约 134.9 万公顷,采矿占用或破坏的土地面积达 238.3 万公顷,植被破坏严重,生态环境恶化越来越明显。更为严重的是生态环境被破坏还会产生"串联"效果,带来一系列问题:不重视环境保护的工业粗放式发展污染了农村生态,受影响的不仅仅是农村、不仅仅是农民的生活,也会影响城镇居民的"米袋子""菜篮子""水缸子"的安全,"城市污染农村的水和地,农村污染城市的饭和菜"。在自然突变和人类活动影响下,自然生态系统难免受到或多或少、或大或小的破坏,新型城镇化要求停止对生态系统的人为干扰,减轻其负荷压力,依靠其自我调节能力,辅以人工措施,逐渐恢复或修复生态系统,使其朝着良性循环的方向发展。比如退耕还林、退耕还湖、退耕还草、退耕还湿等。李克强在 2014 年《政府工作报告》中提出"坚决向污染宣战"②,在 2015 年《政府工作报告》中更是指出"环境污染是民生之患、民心之

---

① 习近平:《决胜全面建成小康社会 夺取新时代中国特色社会主义伟大胜利——在中国共产党第十九次全国代表大会上的报告》,人民出版社 2017 年版,第 50 页。
② 李克强:《政府工作报告——2014 年 3 月 5 日在第十二届全国人民代表大会第二次会议上》,人民出版社 2014 年版,第 32 页。

痛，要铁腕治理"①。具体而言，要坚持自然恢复与人工修复并举，应封就封、该育就育，当耕则耕、宜草则草，不为扩城建厂而无度无畏地占用耕地，不为获得耕地而肆无忌惮地毁灭森林，不为加大增收而为所欲为地放牧养殖，要加快水污染防治、强化土壤污染管控和修复、加强固体废弃物和垃圾处置，要提高污染排放标准、强化排污者责任，要落实减排承诺、对污染者严惩重罚。修复工作现在正在进行，还需继续努力。

保护良好生态环境。如果说已被破坏的生态需要修复，那么目前尚好的生态则需要大力保护。保护生态使之不被破坏与破坏后再修复相比较可以节约更多成本，可以说是"事半功倍"。恩格斯在《自然辩证法》中指出："我们不要过分陶醉于我们人类对自然界的胜利。对于每一次这样的胜利，自然界都对我们进行报复。"②新型城镇化以人为本，就必须把人民群众的满意度作为衡量、检验工作成效的最终标准，必须树立科学全面的民生观，必须尊重自然、顺应自然、保护自然。具体而言，在推进城镇化系统工程中，我们应当将生态文明建设放在突出地位，在全社会牢固树立生态文明的理念，牢记"绿水青山就是金山银山"，将保护生态的理念融入经济建设、政治建设、文化建设、社会建设的各方面、全过程；要优化国土空间开发格局，做到集约高效；要大力推进绿色发展、循环发展、低碳发展；要在全社会培育节约资源、保护环境的生产方式、生活方式，要开展城乡人居环境整治行动……总之，应当像习近平反复强调的那样，要"像保护眼睛一样保护生态环境，像对待生命一样对待生态环境"③。只有这样，才能使天更蓝、水更清、空气更洁净、人与自然更和谐，才能满足人民群众不断增长的生态需求，才能确保人民群众能喝上干净的水、吃上放心的食物、呼吸到清新的空气、在良好的生态环境中生产生活，才能提高人

---

① 李克强：《政府工作报告——2015年3月5日在第十二届全国人民代表大会第三次会议上》，《人民日报》2015年3月17日。
② 《马克思恩格斯文集》第9卷，人民出版社2009年版，第559—560页。
③ 《习近平谈治国理政》第二卷，外文出版社2017年版，第209页。

民生活质量。

保护好子孙后代的美丽家园。马克思指出:"全部人类历史的第一个前提无疑是有生命的个人的存在。因此,第一个需要确认的事实就是这些个人的肉体组织以及由此产生的个人对其他自然的关系。"①恩格斯《反杜林论》也认为:"人本身是自然界的产物,是在自己所处的环境中并且和这个环境一起发展起来的"②。生态需求是人类的基本需求,人类的生存发展须臾离不开生态环境。新型城镇化强调发展,但不是杀鸡取卵竭泽而渔的发展,而必须是可持续的发展,必须在实现当下的发展的同时,顾及后代的生存发展,确保中华民族世世代代永续发展。具体而言,要严守生态安全红线,要控制开发强度,要调整产业结构、增长方式、消费模式,要节约集约利用资源,要着力降低对能源、水、土地等的消耗强度,要发展循环经济、严控污染物排放,要给农业留下更多良田、给城市留下更多绿地、给自然留下更多修复空间,要强化生态意识并跟进保护行动,给子孙后代保留蓝天白云、保留青山绿水、保留美好家园。

二、注重个性差异,让城镇彰显"特色"

城镇如人。如果说个性是一个人生命存在的表达方式,则城镇的生命力同样与个性息息相关。所谓城镇的个性,指城镇与城镇之间的区别点。这种区别点不在于城镇的细枝末节的不同,而是一种"人无我有"或"人有我最"的特质,以此形成城镇无穷的魅力和赖以恒久存在和发展的基础。有关城镇化的研究认为,一个城镇的核心竞争力并非决定于城镇的大小,而是决定于城镇具有独特性资源的文化定位是否准确和功能是否完善。人们常说"越是民族的越是世界的",对于城镇而言,则越具个性的越是世界的。我们向往和憧憬

---

① 《马克思恩格斯文集》第1卷,人民出版社2009年版,第519页。
② 《马克思恩格斯文集》第9卷,人民出版社2009年版,第38—39页。

一个城镇，很大程度上是被这个城镇的独特个性所吸引。去巴黎是为了感受浪漫，去罗马则是为了感受历史沧桑。个性是城镇的神韵，没有个性就没有"灵气"、没有魅力、没有生命力，因此新型城镇化必须建设有个性的城镇，只有各个城镇都有自己的性格，城镇才能千姿百态，各个城镇也才有区别于其他城镇的独特价值，城镇化才"化"得健康"化"得科学。如果千城一面、千镇一貌、千街一景、千楼一款，全国各地大小城镇"面貌大致相同，形象基本一致，风格超级趋同"，则了无生趣，很难有凝聚力、感召力，也很难有吸引力、竞争力，甚至影响其生命力。2016 年《国务院关于深入推进新型城镇化建设的若干意见》（国发〔2016〕8 号）也仍在强调新型城镇化建设应"因地制宜、突出特色"。

（一）保存历史记忆

文化也罢，个性也罢，绝非一朝一夕可以造就，需要积淀，需要涵养，需要时间锤炼。要让城镇有个性，就必须尊重历史，必须把历史积淀和历史遗存作为发展的深厚基础和宝贵资源，必须从城镇的历史底蕴中汲取成长的丰富营养。"一个城市的历史遗迹、文化古迹、人文底蕴，是城市生命的一部分。文化底蕴毁掉了，城市建得再新再好，也是缺乏生命力的。要把老城区改造提升同保护历史遗迹、保存历史文脉统一起来，既要改善人居环境，又要保护历史文化底蕴，让历史文化和现代生活融为一体。"①我国是一个文明古国，许多城镇都有其悠久的历史，有自己的文化符号和个性，建设富有个性的城镇就有必要寻找和保护城镇的文化根脉和传统，并加以保护和传承。没有文化传承，城镇就没有情感、没有灵魂，就会缺乏厚重和鲜活。

以建筑彰显城镇特色。从器物层面来说，城镇是建筑的群体组合，建筑是城镇景观的主体，建设富有个性的城镇必须从建筑入手，让建筑彰显"这个"

---

① 《习近平春节前夕在北京看望慰问基层干部群众　向广大干部群众致以美好的新春祝福　祝各族人民幸福安康祝伟大祖国繁荣吉祥》，《人民日报》2019 年 2 月 2 日。

城镇的独特风貌。正如不同的民族会穿戴不同的服饰一样，不同个性的城镇也应有不同的建筑特色。世界文化是多元的，各国乃至各城各镇的建筑应当呈现多元化的特点。建筑是从本土生长出来的与人们的生活密不可分的特殊器物，是文化的结晶，也是文化的载体。它不仅具有满足人们生产或居住的功能，还可以展现一个城镇的内在个性和气质品位。可以说，一个地方有什么样的民族文化和地域文化，就会有什么样的建筑，文化是建筑的灵魂、建筑是文化的表达，建筑最能体现城镇个性。美国学者刘易斯·芒福德曾将城市比作博物馆，每一个老建筑都是一个真实的展品。历史建筑往往拥有丰富的集体记忆与信息，因此城镇化过程中应当对传统建筑心怀敬意，将富有地域特色和传统文化的建筑符号和元素融入城镇建设中，突出该城镇的"主基调"，体现个性特色。法国资深建筑师阿兰·萨尔法提说："我们应该切记，建筑不是乌托邦，是让人使用的，它应该让人接受，使人感动，它应该有自己的意义，体现自己的价值。"①美国历史学家安东尼·维德勒也指出：不应该野蛮地以"现代化"的名义对城市进行重塑，应该以负责任的态度对有价值的城市老建筑加以保护，使之成为城市的亮点。我国作家蒋子龙更认为"一个城市没有自己的建筑风格，不管外表多么张扬，骨子里也是失魂落魄的"②。换言之，只有拥有自己独特的建筑风格，城镇才能更有活力更有魅力，就像欧陆建筑、伊斯兰教建筑、天主教建筑、古埃及建筑、中国古典建筑，它们风格迥异、各具特色，它们魅力强大令人向往，我们今天的城镇如果能够传承自己的历史、突出自己的文化特色——北京的四合院、上海的石库门、福建的土楼、海口的骑楼、广东开平的碉楼、重庆的"吊脚楼"……则更能体现其"不可替代"，能焕发更为强劲的生机与活力。

借老街留住城镇记忆。"文化传承、彰显特色"是《国家新型城镇化规划（2014—2020年）》对新型城镇化建设的基本要求，城镇化建设必须根据不同

---

① 转引自耿银平：《"记得住乡愁"的规划是好规划》，《中国文化报》2013年12月16日。
② 转引自马广志：《地标建筑不能简单拷贝》，《人民日报（海外版）》2012年1月6日。

地区的自然历史文化禀赋,发展有历史记忆、文化脉络、地域风貌、民族特点的美丽城镇,体现区域差异性,体现城镇文化魅力。每个城镇都有那么几条老街,曾经人来人往车水马龙,记录着城镇曾经的辉煌或承载着城镇昔日的伤痛,其每一栋房子、每一块砖石都保留着历经岁月消磨的深刻的城镇文化记忆,涵养着城镇的品格和精神,有着不可再生的历史信息,具有重要的历史文化价值,是城镇非常重要的文化名片。2002 年,时任福建省省长的习近平为《福州古厝》作序指出:"作为历史文化名城的领导者,既要重视经济的发展,又要重视生态环境、人文环境的保护,发展经济是领导者的重要责任,保护好古建筑,保护好传统街区,保护好文物,保护好名城,同样也是领导者的重要责任,二者同等重要。……二者应是相辅相成的关系。"①城镇化进程中必须对历史文化遗产心存敬畏,必须重视城镇老街的承载能力,必须着力保护那些能体现历史人文精神和区域特色的城镇老街,必须对有文化历史价值、有特色风貌、有生命力的老街②进行文化资源挖掘和文化生态的整体保护,处理好历史街区的纪念性与市民性的关系,让其渗透入城镇的肌体,使之成为城镇的"文化符号",成为彰显城镇特色的"名片",将城市记忆、文化片段、生活场景有机

---

① 习近平:《〈福州古厝〉序》,《人民日报》2019 年 6 月 8 日。

② 就国家级的而言,2015 年 4 月 21 日,国家住房和城乡建设部、国家文物局对外公布了第一批中国历史文化街区,30 个街区入选——北京市皇城历史文化街区、北京市大栅栏历史文化街区、北京市东四三条至八条历史文化街区、天津市五大道历史文化街区、吉林省长春市第一汽车制造厂历史文化街区、黑龙江省齐齐哈尔市昂昂溪区罗西亚大街历史文化街区、上海市外滩历史文化街区、江苏省南京市梅园新村历史文化街区、江苏省南京市颐和路历史文化街区、江苏省苏州市平江历史文化街区、江苏省苏州市山塘街历史文化街区、江苏省扬州市南河下历史文化街区、浙江省杭州市中山中路历史文化街区、浙江省龙泉市西街历史文化街区、浙江省兰溪市天福山历史文化街区、浙江省绍兴市蕺山(书圣故里)历史文化街区、安徽省黄山市屯溪区屯溪老街历史文化街区、福建省福州市三坊七巷历史文化街区、福建省泉州市中山路历史文化街区、福建省厦门市鼓浪屿历史文化街区、福建省漳州市台湾路—香港路历史文化街区、湖北省武汉市江汉路及中山大道历史文化街区、湖南省永州市柳子街历史文化街区、广东省中山市孙文西历史文化街区、广西壮族自治区北海市珠海路—沙脊街—中山路历史文化街区、重庆市沙坪坝区磁器口历史文化街区、四川省阆中市华光楼历史文化街区、云南省石屏县古城区历史文化街区、新疆维吾尔自治区库车县热斯坦历史文化街区、新疆维吾尔自治区伊宁市前进街历史文化街区。

融合,实现城镇历史在现代生活中的活态传承,让历史文化街区重新焕发新的生机和活力,给人们以空间,使人们以此感受凭吊历史、沐浴文化。

让文物讲述城镇故事。《国家新型城镇化规划(2014—2020年)》明确要求"发掘城市文化资源,强化文化传承创新,把城市建设成为历史底蕴厚重、时代特色鲜明的人文魅力空间。注重在旧城改造中保护历史文化遗产、民族文化风格和传统风貌,促进功能提升与文化文物保护相结合"①。城镇化不仅仅意味着"变化"——城镇变大农村变小,很多人的生产方式由农转工或由农转商、生活方式由散漫到文明,也必须有"保护"——保护国家、民族的"根"和"魂",保护地域文化特性,保护地区历史文化底蕴和内涵,保护自己独特的、稀缺的、不可再生的文化遗存和传统资源。文物便是其中的重要内容。所谓"文物",即人类在社会活动中遗留下来的遗物和遗迹,具有历史价值、艺术价值、科学价值。中华民族是一个拥有五千年辉煌历史的民族,有自己辉煌灿烂的文化,我们的城镇应当保存其重要的历史遗物和遗迹,记载自己的历史和发展,它们是这个城镇看得见摸得着的历史文化底蕴,是城镇不可再生因此也不可替代的宝贵财富,是弥足珍贵的宝贝。正是因其承载历史、承载文化且独具特色,它们总能给人以美的享受,可以抚慰人们的心灵。如果某个城镇没有任何历史遗物或遗迹,尽管它充满活力,也掩盖不了其缺乏必要的历史文化底蕴的缺陷。因此,城镇化建设必须珍惜文物、保护文物,让文物讲述城镇故事,使人们能凭此缅怀历史、感悟文化,不得随意损坏、随意处置。特别是对一些名胜古迹、旧居遗址甚至包括有历史价值的老工厂和工业遗存,由于其承载了城镇诸多的感情和记忆,宁可为其"让路",决不能盲目拆毁推倒重来。对于部分保存现状较好、文化内涵深厚的村庄,则应进行保护性开发和开发性保护,总之要像爱惜自己的生命一样保护好文化遗产,使城镇的历史文脉得以传承发展、能够生生不息。

---

① 《国家新型城镇化规划(2014—2020年)》,人民出版社2014年版,第57页。

（二）彰显独特资源

建设富有个性的城镇除了要保存历史记忆,还需彰显其独特资源——要因地制宜,要借助各自的特色资源擦亮城镇的文化符号,丰富城镇的文化内涵,塑造城镇的鲜明个性,扩大城镇的知名度,提高城镇的美誉度,增强城镇的影响力。

准确定位扬长发展。城镇的个性根基于城镇的资源基础。要建设个性城镇,则每个城镇建设之前就必须有对自身的准确定位。一个城镇只有确定一个准确的发展定位,其建设才能有方向,才能确保有特色、有内涵、有文化,才能避免千城一面万镇同工。一般地说,一个城镇的资源通常具有专有性甚至垄断性,这些专有的或垄断的资源是其他城镇很难模仿的,资源的专有性越强则其稀缺度越大,在此基础上发展也就具有了独特的优势。例如我国的春城昆明、冰城哈尔滨等城市声名远播,是因其独特的自然气候资源;江城武汉、山城重庆等闻名遐迩,是因其所处地理环境;油城大庆、煤城阳泉、泉城济南、盐城自贡、铜城白银等城市令人耳熟能详,是因其所具有的自然矿产资源;等等。资源差异包括历史的(比如多朝古都、名人故居等)、自然的(如生态、矿藏、沿江、沿海、沿边等),还包括产业的(如汽车城、电影城、动漫城、瓷都、杂技之乡等)、政策的(如特区、新区等)、战略的(如航天城),等等。资源结构的差异及区域配置方式的不同,决定了城镇的个性,决定了城镇的发展方向。城镇的发展必须寻找自己的优势,发展自己的个性。只有结合自身的禀赋和特色,各城镇扬长避短,差异化发展、差别化竞争,才能做到百花齐放,各城镇的发展才能事半功倍。

放大地域文化符号。既然各城各镇都有自己的相对优势,新型城镇化建设就应在准确定位以后扬长发展,挖掘自己独特的文化资源,保持这种独特的文化特征并努力维护好生成它的城镇格局、风貌,突出自己的地域文化优势,放大并凝练自己的地域文化符号,努力传承和弘扬这种文化特色,注意将自己的文化个性忠实地反映于城镇建设中,以固化城镇特色,从理念识别、行为识别、视觉识别上下功夫,通过音乐、美术、影视作品、游戏甚至举办相关赛事或活动,大力宣传,大力展示,大力推介,将地域文化品牌做大做强,不断扩大城镇的知名度,不断提高城镇的美誉度。

开发城镇文化产品。重视城镇文化产品开发,强化特色立城。立足"地利",用足用活地方文化资源,开发城镇文化产品不仅能破解传统城镇化建设中"城镇空壳化"和"人的城镇化"的双重难题,还能突出地域特色、彰显文化自信,提高城镇化质量。这里所说的"城镇文化产品"指的是某个城镇、某个区域的富十代表性、象征性的产品,当然它也应该是该城镇、区域的居民深感荣耀和自豪的产品。这类产品可以是传统名牌产品(如北京的烤鸭、杭州的丝绸、苏州的刺绣、西藏的唐卡、浏阳的花炮等)、可以是资源开发产品(如吉林的参、大同的煤、歙县的砚、昆明的烟等)、可以是地方特色产品(如拉萨的酥油茶、长沙的臭豆腐、重庆的火锅、新疆的馕等)、可以是经济支柱产品(如北京现代、上海桑塔纳、青岛海尔、重庆长安等)、也可以是文化创意产品(如江西永新的"红军斗笠"、延安的"羊角巾"旅游帽、宁波的蝴蝶标本、香港的回归纪念表等),它们或有悠久的历史、深远的影响,或是唯其独有,或相对有影响有市场,或有回忆有念想有情趣……都是最为典型的形象产品。尊重并巧妙地利用地方文化资源开发城镇文化产品,不仅能带来可观的经济收入,还能赋予城镇更为丰富的内涵,铸就其独特的个性和生命。

(三)勇于发展创新

建设富有个性的城镇同样离不开创新。"有个性"不等于原来怎么样就得一直怎么样,而是要将"特色"做"特",将"特色"做"好"。

城镇特色需要"有"中求"好"。一方面,我们说城镇个性要传承历史文化,并不意味着把历史的东西不分良莠全盘继承,而是要扬弃性地传承,要取其精华弃其糟粕;另一方面,在历史发展过程中,难免存在着复杂的文化断层现象,这就决定了要想塑造城镇的个性特色,就必须对城镇的文脉和基因片断进行梳理、甄选和重塑。如果忽略了甄选和重塑,随便拾一个文化碎片传承发扬,则可能不仅不能为城镇增添光彩,还可能因为缺少"光鲜"性、缺少"唯一性"、缺少"美感"而令城镇黯然失色,不仅不能令人向往,还有可能使城镇形象成为笑料,招来骂名。

城镇特色亦需"有"中求"新"。在城镇发展的岁月中,保护城镇文化遗产、塑造城镇个性特色从来都不是一种被动的捡拾或简单的继承,其中必然有对城镇个性特色的不断挖掘和创新,是不断"古为今用"的结果,是不断"传承+创新"的结果。许多城市的物质文化遗产实际上早已不是"原汁原味",而是不断发展至今的。客观地说,在城镇化进程中,传承和创新是相互依存的,城镇特色应该是传承与创新的统一。没有传承,城镇缺乏根基,没有灵魂;但如果全盘继承没有创新,则城镇就会变成封闭僵化的古董,不符合社会发展的要求,城镇的发展就缺乏"活力",就看不到希望。一个城镇的特色既是历史的,又是现代的,甚至也是未来的,因此既要重传承,也要重创新,要不断注入新时代的元素,只有这样,城镇才能"活"得更好、更有品位。

城镇特色还需"无"中生"有"。"天下万物生于有,有生于无。"此话出自老子《道德经》,用以指明宇宙万物的本源。任何城镇都希望自己有资源,但是也有好多新兴城镇没那么多文化背景、没那么多历史、地理或政策等资源,在这种情况下可以"无"中生"有"打造品牌彰显城镇的追求、塑造城镇的个性。"罗马不是一天建成的",每个城镇都有属于自己的历史文化标识,但它们可能来自不同时代,只要能够不断塑造、不断努力,渐渐地城镇就能够有"特色";另外,通过发展新型产业在一个全新的领域崭露头角、通过举办人无我有的主题活动提高城镇的知名度美誉度、提高公众对城镇的认知度、认同度,也不失为塑造城镇特色、提升城镇形象的办法,也可以让城镇因为那个特长产业或特色活动闻名于世。以"胡斯卡"为例:它是西班牙安达卢西亚龙山区一个资质平平的乡村小镇,这里没有独特的风景,没有便捷的交通,最大的优势就是盛产蘑菇,小镇上的居民不到 200 个人,每年游客最多只有 300 来人。但是一次机缘赋予了该镇特色并推动其快步发展:2011 年索尼影业筹备推出的蓝精灵系列 3D 动画片,看中了这个小镇,于是建议当地政府把这里所有的房屋墙面都刷成蓝色,将其把这里作为"蓝精灵"的宣传基地,于是整个小镇的居民全员行动,用 4200 升油漆把小镇上的建筑全部刷成了蓝色。电影拍完和宣传完毕后,半年内吸引了 6000 多名国际游客到该镇旅游,一年半后游客猛增至 125000 名,现在已是国际知名的乡村旅游景点,这个童话般的小镇被誉为"蓝精灵之家"。在我国,上海举办 APEC 会议、昆明举办世界园艺博览会、北京 2008 年举办奥运会、一年一度的广(州)交会、青岛的国际啤酒节、潍坊的国际风筝节、大连的国际服装节等,对提高这些城市在国内外的知名度和影响力毫无疑问都产生了积极的作用。

三、提高市民素质,让城镇富有"内涵"

人是城镇的特殊物态,是城镇的主体和灵魂。目前,我国城镇的外形已经具备、功能也基本完备,当下的要务便是提高市民素质,促进人的城镇化。一个城镇只有不断提高市民素质,才能不断提高城镇的层次、不断完善城镇的管理、不断增强城镇的核心竞争力,才能不断在激烈的竞争中赢得主动,才能推动城镇的发展越来越好,因此,不仅应提高其科学文化素质,提高其业务操作能力,还应提高其道德修养、文明素养、思想素质,使其在生活方式、行为素养等方面与当下的文明时代相契合,成为城镇的亮丽风景。可以说,只有实现了人的城镇化,新型城镇化才能真正实现。

(一)传承优秀传统文化,提高市民道德修养

一个国家、一个民族,经济不强会挨打,道德不好会挨骂。一个城镇同样如此。一个国家、一个民族、一个城镇是否与时代合拍,是否能长治久安,是否

令世人向往,很大程度上取决于公民思想道德素质,毕竟"道德常常能填补智慧的缺陷,而智慧却永远填补不了道德的缺陷"①。正是因为这样,我们党一直高度重视思想道德建设,改革开放特别是党的十六大以来,更是作出一系列重要部署:2001 年 9 月 20 日,中共中央颁布了《公民道德建设实施纲要》;党的十八大明确提出"24 字"社会主义核心价值观;2019 年 10 月,中共中央印发《新时代公民道德建设实施纲要》。在时代不断发展、社会不断进步的今天,新型城镇化建设更是离不开市民道德修养的提升,可以说,提高市民道德修养已经成为城镇化的一项重要的不可缺少的工作。

激发市民的仁爱之心。人是一种社会关系的存在,"人"由一"撇"一"捺"构成,这一撇一捺意味着人应当相互支撑。人的一生在各个阶段都需要他人理解、接纳、尊重、关怀,根据马斯洛需求层次理论,这是人类除生存需求之外最基本的需要,德国哲学家海德格尔也认为,我们沉浸在关怀中,关怀体现了生活最终极的本质。正是因为关怀之心、关怀之意,人与人、人与社会、人与自然才能友好相处和谐相伴。中国人自古以来都是有爱心的,"仁者爱人"的价值理念贯穿于中华民族整个历史发展进程。一要亲爱家人。家是社会的最小细胞,家庭中父慈子孝、兄友弟恭、长惠幼顺,互敬互爱,才能"家和万事兴"。二要友爱他人。"四海之内皆兄弟也",因此应当常存"恕"心,入则孝,出则悌,泛爱众,"老吾老以及人之老,幼吾幼以及人之幼""己所不欲,勿施于人"。在中国人民已经"站"起来、逐渐"富"起来、正在努力"强"起来的今天,我们的城镇化有必要唤醒和激发仁爱之心,毕竟建筑、设施等只是冰冷冷的物质,仁爱才能温暖人心,只有市民有爱心、有表达,世态才不炎凉,人情才不冷漠,城镇才能更有温度,市民才能生活得更加温暖。社会主义核心价值观强调"友善"正是对市民爱心的呼唤。

培养市民的诚信之意。"人而无信,不知其可也。"没有诚信,人不能立,家不能和,业不能兴,城不能宁,国不能安。古代如此,今天同样如此。作为社

---

①　意大利诗人但丁语。

会人,诚信是一切道德的基础,是人之为人的根本,是一个人赖以生存、赖以发展的基石,而培养市民诚信意识则是提高市民道德修养的最重要的突破口。一是真诚做人。一个人只有真诚地对待家人、真诚地对待他人、对待工作,才可以说具备良好的道德修养,才能更好地立于社会。二是不自欺。不说违心话,不做违心事。三是不欺人。只说真话,不说假话,说到做到,不放"空炮",言行一致,新型城镇化建设必须重视人的城镇化,重视人的道德进步,重视人的诚信意识培养。党的十八大已将"诚信"纳入三个"倡导",纳入社会主义核心价值观,现在正不断加大诚信建设,通过宣传教育,通过建立个人信用档案,建立相应的激励机制,综合运用舆论、行政、经济、法律、技术等手段,鼓励诚信个人群体,严厉打击失信行为,规范市民行为尤其是公共行为,培养其知法知耻诚实守信的意识和习惯。只有当全体市民在社会生活中普遍认同并遵守诚信准则并进而使诚信成为城镇的名片、成为城镇的资源时,才能形成一股强大的正气,推动新型城镇化健康发展——人们在付出的同时也能明显获益:生活品质更高、精神更加轻松愉快;城镇也能因此提质:人文氛围才能更好,城镇形象更佳。不仅如此,无论是城镇还是市民,还能更加有尊严。

培养市民的担当之责。作为社会人,每个人都对社会有责任有义务。中华民族自古就有"天下兴亡,匹夫有责"的志向,有"穷则独善其身,达则兼济天下""苟利国家生死以,岂因祸福避趋之"的胸怀,新型城镇化应当弘扬中华民族的优良情操,提高市民的道德修养,培育"不忘本来,吸收外来,面向未来"的新型市民。一是鼓励市民敢担当——即在思想意识上,弘扬敢担当的正能量。尽管不能每个人都有"虽千万人,吾往矣"的英雄气概,但是每个人起码应当担当起自己应当担当的责任与义务,因此必须培养市民的担当精神,增强市民的主人翁责任感,鼓励市民敢于向困难亮剑,面对工作、面对求助、面对公益,能够"路见不平一声吼,该出手时就出手",见义勇为,当仁不让,勇担责任勇挑重担。二是帮助市民会担当——授人以渔,帮助市民获得真本事,学会科学担当,见义能为,见义智为,为所当为,止于当止。三是促进市民愿担当——变"要其为"为"其要为"。担当是一种主客观相统一的行为和过程,市民敢担当、能担当固然好,如果社会能为市民创造适宜担当、能够作为的客观环境和氛围则更好,可以充分激发担当干事者的激情,可以极大地增强人们担当干事的动力,促使人们愿意担当、乐于担当,形成一种"善"的循环。

(二)有效接轨现实社会,提升市民文明素养

马丁·路德指出:"一个国家的繁荣,不取决于它的国库之殷实,不取决于它的城堡之坚固,也不取决于它的公共设施之华丽;而在于它的公民的文明素养,即在于人们所受的教育,人们的远见卓识和品格的高下。这才是真正的利害所在,真正的力量所在。"①市民的文明素质是城镇的无形资产,是城镇文明程度的集中彰显,是城镇树立良好形象的重要条件,是城镇增强核心竞争力、辐射力不可或缺的因素。新型城镇化必须有效提升市民的文明程度,提高城镇的文明水平。

增强法规意识。在城镇化过程中,越来越多的人从熟悉的乡村进入陌生的城镇,从熟人圈子进入陌生人社会,居住模式从分散随意到集中规范,生活方式由"日出而作、日落而息"到"朝九晚五"工作制度,交往方式从熟人间的"亲切热络"到陌生人间的"警惕冷漠",娱乐方式从单一枯燥到丰富多彩,生活活动空间从狭小封闭到广阔开放……这一切变化对人们的影响巨大而深刻,人们要适应新变化新生活必须转变思想观念、思维方式并进而改变自己的生活方式、行为方式。在"熟人圈子"中,当人与人之间发生矛盾时,人们第一时间想到的是"私了",而在城镇这个人口大量聚居的"陌生人社会",不再是家族化管理,解决人际矛盾或问题,最方便也最有效的办法是依靠法律、依靠法规、依靠规章。因此随着城镇化进程的推进,新市民必须增强法制意识、规则意识,必须学会用法律法规维护自己的合法权益,而这只是一个方面。另一

---

① 马丁·路德:《国家繁荣的力量》,《决策与信息》2004 年第 2 期。

方面,新市民也必须将法律法规规章作为自己立身处世的依据和言语行动的准则,自觉学法、知法、懂法、守法、用法。只有这样,才能确保自己和他人的基本权利得到法律法规规章的保障,在"有约束的自由"下人们才能过得更好,城镇秩序才能更稳,城镇化发展才能更顺。

增强公德意识。中国传统伦理中就存在重私德、轻公德的文化特性,早在20世纪初,梁启超就深刻指出:"吾中国道德之发达,不可谓不早,虽然,偏于私德,而公德阙如。"①它与传统中国自然经济、血缘家庭和家国同构的社会土壤关系密切,与今天的陌生人社会则明显格格不入。在社会成员流动频繁、互动频繁的当下,人与人最基本的相处之道是相互尊重。人们追求自身利益是合理的,是正当的,但是每个人对自身利益的追求都不能以侵犯、牺牲他人利益和社会公共利益为代价,这是底线。"尊重他人的社会意涵,其实就是不侵犯他人之权益,如果这种态度普遍化,大多数人的权益就容易获得稳固的保障。"②城镇化的发展增强了人们的自由意识和权利意识,但与此同时,一些人的公共意识、公德意识却相对匮乏。新型城镇化必须唤醒和强化人们约束自己尊重他人的意识,引导人们遵循基本的公共生活规则意识和法律法规意识,告别随地吐痰、随手丢物、随处抽烟、乱倒垃圾、挤占公共用地、扰乱交通秩序等行为,不侵害他人利益,不造成他人不便,不危害他人安全,不影响他人健康,多一点付出,多一点奉献,多一点换位思考,多一点替人着想,维护城镇的公共卫生和公共秩序,避免形成"公地悲哀",促进我们的公共生活(工作)空间不断走向整洁、走向有序、走向和谐、走向美丽。

增强节俭意识。或许有人认为"节俭"与"文明"无关,抑或认为"节俭"已经不合时宜,其实"节俭"是文明的表现,是永远的美德。中华民族一直是一个崇俭抑奢的民族,且不说于"治国"层面早有"历览前贤国与家,成由节俭败由奢"的经验教训,于"齐家"则有"一粥一饭,当思来之不易;半丝半缕,恒

① 《梁启超选集》,上海人民出版社1984年版,第213页。
② 陈弱水:《公共意识与中国文化》,新星出版社2006年版,第44页。

念物力维艰"的嘱咐，于"修身"也有"俭，德之共也；侈，恶之大也"的告诫，可以说"节俭"一直是我们的优良传统，是我们的"传家宝"。新型城镇化并非单纯强调人口聚集，更强调在"面向未来"的同时"不忘本来"，倡导绿色健康生活方式。随着经济的发展、社会的进步，人们的消费习惯从"生存型"转向"发展型"，适当享受是应当的而且是必要的，我们并不主张"灭人欲""去私"，但这决不能成为丢掉节俭美德的理由，凡事都应当"取之有度，用之有节"才可持续。一个人可以有消费的自由，但是绝没有浪费的权利，虽然钱是他的，但资源是大家的，任何人都没有资格大肆挥霍社会资源，都应当担负起自己作为社会一员的应尽之责。且不说我们尚有很多扶贫对象，也不说我们人均 GDP 在世界排名并不乐观，即便是市场经济鼻祖亚当·斯密也指出："奢侈是公众的敌人，节俭是社会的恩人"①，因此任何时候富裕都不是浪费的通行证，未富先奢则更不应该。节俭不是小气，不是吝啬，而是一种文明，应当成为新型城镇市民的生活方式。2006 年联合国确定 10 月 31 日为世界勤俭日（World Thrift Day），对全世界的公民发出了节俭的倡导。毛泽东早就指出："贪污和浪费是极大的犯罪。"②习近平也一再强调："浪费之风务必狠刹！要加大宣传引导力度，大力弘扬中华民族勤俭节约的优秀传统，大力宣传节约光荣、浪费可耻的思想观念，努力使厉行节约、反对浪费在全社会蔚然成风。"③唯其如此，我们的社会、我们的新型城镇化才能够健康地可持续地发展。

（三）培育和践行社会主义核心价值观，提高市民思想素质

这些年来，随着城镇化进程不断推进，随着社会结构深刻变动、利益格局深刻调整，人们的生产方式生活方式发生了深刻变化，对其人生观价值观造成

---

① ［英］亚当·斯密：《国民财富的性质和原因的研究》（上卷），郭大力、王亚南译，商务印书馆 1972 年版，第 314 页。
② 《毛泽东选集》第一卷，人民出版社 1991 年版，第 134 页。
③ 《习近平谈治国理政》第一卷，外文出版社 2018 年版，第 363 页。

巨大的冲击,在这种背景下,党的十八大提出"倡导富强、民主、文明、和谐,倡导自由、平等、公正、法治,倡导爱国、敬业、诚信、友善,积极培育和践行社会主义核心价值观"的战略任务,2013 年中共中央办公厅印发《关于培育和践行社会主义核心价值观的意见》,进一步明确了 24 字"社会主义核心价值观"。这 24 字"社会主义核心价值观"是对优秀传统文化的升华和创新,是社会主义中国人民价值追求的"最大公约数",也是新型城镇化建设的重要遵循。

搞好教育引导。"知"后才能有"行"。在市民各个阶段的教育中,社会主义核心价值观必须长在,不断促人向上向善。首先,社会主义核心价值观教育应伴随市民的一生。《三字经》云:"人之初,性本善,性相近,习相远,苟不教,性乃迁。"人是会变的,因此社会主义核心价值观教育必须长相伴随持续引导。在人的一生中,家庭、学校、社会都是学习的课堂,它们是一个联动的教育体系,而社会主义核心价值观教育必须全方位、全过程进行,让市民得到一以贯之的价值引导,陪伴人们健康成长。其次,社会主义核心价值观教育应不拘场合形式。并非站在讲台、板着面孔才是教育,社会主义核心价值观教育不应囿于固定场合,不应拘于特定形式,人皆可以为师,言、行、游玩都可以是"教",古人所谓"寓教于乐"说的也是这个道理。再次,社会主义核心价值观教育要力求贴近生活。习近平指出:"一种价值观要真正发挥作用,必须融入社会生活,让人们在实践中感知它、领悟它。要注意把我们所提倡的与人们日常生活紧密联系起来,在落细、落小、落实上下功夫。"①培育和践行社会主义核心价值观必须知行合一、必须与广大市民的日常工作生活接轨、必须从市民的日常工作生活入手,才能产生强劲的效果,社会主义核心价值观才能落地生根,才能润物无声地深入人心,才能最终内化为市民的精神需求、外化为市民的实际行动。

强化宣传工作。通常情况下,宣传越有力,市民耳濡目染越充分,对社会

---

① 《习近平谈治国理政》第一卷,外文出版社 2018 年版,第 165 页。

主义核心价值观的印象越深，潜移默化的可能性越大。首先，宣传要做到全覆盖：让社会主义核心价值观进学校，进机关，进村居，通过领导讲话、媒体（"传统+网络"）报道、街头广告，等等，"使核心价值观的影响像空气一样无所不在、无时不有"，"形成有利于培育和弘扬社会主义核心价值观的生活情景和社会氛围"，①让市民在不知不觉中受熏陶、受影响，增强价值判断力，增强向善驱动力，在潜移默化中修善德、怀善念、行善举。其次，宣传方式要创新：科技发展日新月异，各种新媒体不断出现，社会主义核心价值观的宣传方式必须与时俱进，"十三五"规划要求"加强网上思想文化阵地建设"，社会主义核心价值观宣传应充分借助"微博""微信""微视""抖音"等载体，以市民喜闻乐见的形式弘扬真善美鞭挞假恶丑，发出时代好声音，引发市民共鸣，并逐渐将社会主义核心价值观内化于心外化于行。再次，宣传要与活动相结合。"活动"的最大好处是能将市民从"受众"变为"参与者"，充分调动和激发市民的主观能动性。社会主义核心价值观宣传如果能与"活动"结合——通过读经典、讲故事、演讲赛、辩论赛、有奖竞答、学术沙龙、书画摄影展等活动，甚至将社会主义核心价值观践行情况纳入"好婆婆""贤媳妇""好员工""文明家庭""文明单位""文明村社"等的评选条件并定期不定期评选，如此，市民因为变"旁观"为"参与"，对社会主义核心价值观更听得进、入得心、记得住，可以有效避免宣传者自说自话、自娱自乐。

发挥榜样作用。榜样如同燎原的星火，是有形的正能量，能带来强劲的驱动力，能引发良性的群效应。首先，重视英雄模范的示范作用。英雄模范身上凝聚着真善美的品质，他们或助人为乐，或见义勇为，或诚实守信，或敬业奉献……真诚待人、尽力行事，乐献爱心，甘释善意，闪耀着人性的光辉，是精神的富有者，发挥他们的示范作用，能唤起群众的价值觉醒，能形成向善的社会风尚。其次，强调党员干部的表率作用。自古以来，民以吏为师。培育和践行

---

① 《习近平谈治国理政》第一卷，外文出版社 2018 年版，第 165 页。

社会主义核心价值观也是如此,党员尤其是领导干部必须发挥带头作用。习近平指出:"广大党员、干部必须带头学习和弘扬社会主义核心价值观,用自己的模范行为和高尚人格感召群众、带动群众。"①以"上行"促"下效",才能更好地培育和践行社会主义核心价值观,才能推动城镇春风扑面,推动民风昂扬向上。再次,发挥身边榜样的引领作用。身边榜样如"××好人"——他们可能是同学、可能是同事、可能是邻居,他们是践行社会主义核心价值观的先进代表,同时又与普通市民近在咫尺甚至朝夕相处,他们是"草根典范",是"平民英雄"。大张旗鼓地宣传他们,以他们的嘉言懿行教育人、影响人、激励人、鼓舞人,市民会觉得可学、能学,从而自觉见贤思齐,推动城镇风尚不断走向健康、走向美好。

强化刚性约束。没有规矩,难以成方圆。很多时候我们宣传的价值观等之所以不能落地而沦为空洞的口号,其重要的原因就是没有刚性的约束,就是缺乏法制的有力支撑。一是应当道德入刑。培育正确的价值观不仅需要教育引导,更需要规范的约束。我国古代提倡"孝"行,主张"百善孝为先",《孝经·五刑章》就有"五刑之属三千,罪莫大于不孝";北齐律规定"重罪十条","不孝"位列其中……今天我们培育践行社会主义核心价值观也需要相关的法制保障,2014年10月20日新华网消息"公安部交管局:醉驾入刑3年来酒驾事故下降25%"便是很好的佐证。二是需要完善规章。法律管大,规章控小。培育践行社会主义核心价值观还应将其融入《市民行为规范》《行业规定》《社区文明公约》《员工行为准则》《学生守则》等各类规章,营建良好的制度环境,引导市民的价值判断,规范市民的言行举止,帮助市民不断积小善成大德。三是必须严惩违者。培育和践行社会主义核心价值观不仅要有"法"有"规"可依,还应当有"法"有"规"必依、违"法"违"规"必惩,确保法律法规的严肃性有效性,法律法规才有威慑力,才能让人敬畏,才能真正为培育和践

---

① 《习近平谈治国理政》第一卷,外文出版社2018年版,第164页。

行社会主义核心价值观保驾护航。四是着力保护善举。培育和践行社会主义核心价值观需要"惩恶",也需要"扬善",切实保护和弘扬善行善举。即对社会主义核心价值观的践行者应当给予物质和精神的正向激励,实现"好人好报",让人羡慕,促人学习,推动城乡邪气下降、正气上升,形成良好社会氛围。影响甚大的2018年8月27日昆山于海明"反杀案"就是一个典型的案例。该案《通报》指出:"合法没有必要向不法让步""司法应当负起倡导风尚、弘扬正气的责任",并最终认定于海明的行为属"正当防卫",不承担刑事责任。此判决让不法者伏法,为守法者壮胆,捍卫了"以正压邪"的公序良俗,坚定了人们"奉法者安"的"法治"信念,很好地维护了公民的合法权益。

第六章 夯实基础：以公共文化推动新型城镇化

《周易·贲·彖辞》曰："观乎天文以察时变，观乎人文以化成天下"，认为"刚柔交错，天文也；文明以止，人文也"，文化的功能说到底就是以"文"化人。公共文化是相对于经营性文化而言，其特点在于"公共"二字，是为满足社会的共同需要而形成的文化形态，强调普及性，强调大众化，由政府主导、人人参与，旨在满足广大人民群众基本的精神文化需求、保障公民基本的文化权益，充分体现国家责任。新型城镇化需要与之相适应的新思想、新观念，需要给市民精神寄托、文化陶冶。发展公共文化事业、推进公共文化服务、满足人民群众的基本文化权益，可以实现"以文化人"，于潜移默化中提高市民的文化素养，促进新老居民自觉提质强能、不断走向文明进步。

一、完善公共文化设施，增强城镇功能

在城镇化建设中，城镇建设固然不可缺少，但仅仅扩城增量、建高楼广场道路等是不够的，那只是城市的外壳，其主体是活动于其中的人。城镇化的目的，是让人们的生活更便捷、精神更愉悦、幸福指数更高，而任何一个地方，文化建设跟不上，人们的生活质量就必定会被打折扣。公共文化设施是城乡文

化建设的重要内容,是实现城乡文化服务均等化的重要载体,是一个国家或地方文化事业发展的标志,完备的公共文化设施是开展公共文化服务的必要前提,是文化建设的物质基础,是城镇化不可回避的基本元素,是政府的责任。

(一)实现公共文化基础设施全覆盖

公共文化中的"公共",强调的就是文化的普惠性、共享性和基本性,公共文化应该是所有人都有条件公平享受的文化服务和文化活动。公共文化基础设施是人们享受公共文化服务和活动的前提和条件,它不仅惠及民生,能极大地改善群众文化生活,还可有效完善城镇公共服务功能,提升城镇文化品位,因此公共文化建设必须做到:

其一,要有设施。根据《国家新型城镇化规划(2014—2020 年)》,每个社区都要配建文化体育设施,搭建惠民利民的公共文化空间,让广大群众都能享受免费或优惠的基本公共文化服务,满足其基本的文化需求。《国家新型城镇化规划(2014—2020 年)》提出的"人文城市建设重点"如下①:

表 6-1 人文城市建设重点

01 文化和自然遗产保护
加强国家重大文化和自然遗产地、国家考古遗址公园、全国重点文物保护单位、历史文化名城名镇名村设施建设,加强城市重要历史建筑和历史文化街区保护,推进非物质文化遗产保护利用设施建设。
02 文化设施
建设城市公共图书馆、文化馆、博物馆、美术馆等文化设施,每个社区配套建设文化活动设施,发展中小城市影剧院。
03 体育设施
建设城市体育场(馆)和群众性户外体育健身场地,每个社区有便捷实用的体育健身设施。
04 休闲设施
建设城市生态休闲公园、文化休闲街区、休闲步道、城郊休憩带。

---

① 《国家新型城镇化规划(2014—2020 年)》,人民出版社 2014 年版,第 58 页。

续表

05 公共设施免费开放
逐步免费开放公共图书馆、文化馆(站)、博物馆、美术馆、纪念馆、科技馆、青少年宫和公益性城市公园。

各级政府必须适应新型城镇化建设的要求,建立和健全国家、省、市、县、乡、村六级公共文化设施(包括基础设施和必要的设备物资);必须城乡一体统筹规划、合理布局;必须按照公共性、公益性、基本性、均等性、便利性的要求,加强文化基础设施建设,完善公共文化服务网络,尤其要以(市)县级博物馆、群艺馆、图书馆、数字电影院、书店等场馆(院店)建设为重点,乡镇小规模文化广场、功能独立的文化活动中心和村居综合文化站、文化活动室、农家(居民)书屋等文化设施为基础,逐步完善基层公共文化设施,2017 年,国家发展改革委等 8 家单位联合印发《"十三五"时期文化旅游提升工程实施方案》(发改社会〔2017〕245 号),规定:公益性、基础性设施建设,将获得最高 100%的补助,无疑是令人惊喜的"及时雨"。

其二,设施要"有用"。公共文化设施不仅要"有",还必须"有用",为人民群众普遍需要、普遍欢迎,彰显针对性。如此才能实施其功用,起到物尽其用、利民惠民的效果。如果所提供的不是群众所急需、所喜欢的,就可能被闲置、被"空转",占用了宝贵的土地、资金、人力等资源,却不能发挥或不能充分发挥公共文化设施的效用,这是对资源的浪费。

其三,设施要达标。2015 年,中共中央办公厅、国务院办公厅联合印发了《关于加快构建现代公共文化服务体系的意见》(中办发〔2015〕2 号),与该《意见》一同印发的还有《国家基本公共文化服务指导标准(2015—2020 年)》,对各级政府应当向广大群众提供的基本公共文化服务项目、硬件设施条件以及人员配备等作出了明确规定,给出了具体标准,譬如对"观看电视"这一款,明确要求"通过直播卫星提供 25 套电视节目,通过地面数字电视提供不少于 15 套电视节目,未完成无线数字转换的地区,提供不少于 5 套电视节目",等等。

其四,资源配置要合理。"全覆盖"不等于"均等",因此还应注意"合理"性问题。公共文化基础设施建设应以"城乡文化发展一体化"为最终目标,建立"城乡文化一体化"发展战略,分步进行,不懈推进,注意从大中小城市和小城镇以及乡村分层次实事求是地考虑问题,合理配置文化设施,力争达到最优化,并让文化资源在城乡之间合理流动,资金适当向农村地区,向老、少、边、穷地区倾斜,以弥补其长期以来的不足。

(二)推动公共文化基础设施现代化

随着社会进步科技发展,互联网普及,网民大量出现,我们传统的公共文化基础设施已经不能满足广大城乡居民的文化生活需要,必须不断与时俱进,紧跟时代前行的步伐,逐步实现现代化。

其一,推动公共文化基础设施数字化。"基础"不等于"落后"。在网络化、信息化时代的当下,公共文化服务设施不能停留在传统层面,必须紧跟时代步伐,与时俱进,推进公共文化设施数字化。2017年《文化部"十三五"时期公共数字文化建设规划》明确指出"公共数字文化建设是加快构建现代公共文化服务体系的重要任务",已经为我们指明了公共文化基础设施发展的方向。各级公共文化服务部门应当按照相关要求,结合本地情况推进"公共文化基础设施数字化"建设,推进公共文化基础设施设备升级换代,加强图书馆(室)、文化馆(站)、博物馆、美术馆等公共文化机构的信息化设施设备配备,让公共文化基础设施贴近生活、贴近时代,真正能够便民利民。

其二,推动公共文化基础设施网络化。在"宽带中国""智慧城市"建设的今天,公共文化基础设施建设必须紧跟步伐,落实国家"互联网+"行动计划,实践"大数据"战略,努力构建互联互通的公共文化服务数字化网络,构建公共文化大数据"云端",开展公共文化"云服务",实现资源的互联互通相互支撑。具体地说,就是鼓励公共文化机构开展线上服务,运用人机交互、虚拟现实等现代技术,设立阅读、音乐、舞蹈、书法、绘画、摄影等交互平台,增强公共文化服务的互动性和趣味性,使公共文化设施更为群众喜闻乐见,增强服务的有效性,更加充分地发挥作用。

其三,推动公共文化基础设施体系化。北京大学李国新教授讲授《对我国现代公共文化服务体系建设的思考》时举了一个典型的实例。美国的克利夫兰市,城市面积214平方公里,人口40万,其公共图书馆发展水平号称全美第三,该图书馆服务体系由1个总馆、1个资源保障中心、28个分馆、35辆流动服务车构成,其服务半径1500米,覆盖人口1.4万人。而我国的情况是:"县县有图书馆文化馆,乡乡有文化站",但是一些地方由于不成体系而陷入"设施孤岛",没有充分发挥作用,2016年国家统计局上海调查总队进行过一次公共文化服务专题调查,结果显示:"居住地附近没有公共文化设施或者距离较远"正是市民不能享受到公共文化服务的主要原因。要使设施具备全覆盖能力,必须使之体系化,必须合理布局,并使其上下左右互联互通互动,才能完善功能,才能有机全覆盖,才能真正消除空白。

(三)加强公共文化基础设施的管理和使用

公共文化基础设施"三分建、七分管",有了并不意味着就发挥作用了,管理越好、使用率越高,公共文化设施的价值彰显越充分、功效越显著;管理不到位,公共文化基础设施即使有也不能充分发挥其应有作用。因此,公共文化设施不仅要全覆盖、现代化,还应做到"建、管、用"并举。

一要加强对设施设备的管理。在一些地方,公共文化基础设施虽然投资建设了,但是由于没人管理或管理混乱,部分设备被人为损坏或丢失,部分设施逐渐被挤占、被挪用甚至被出租、擅自拆除,无法发挥其功能、作用,因此各地相关部门应当结合当地实际情况出台相应的管理和监督办法,保护基层公共文化设施和设备,充分发挥其在丰富群众文化生活中的作用,不断满足群众日益增长的精神文化需求。

二要加强对设施设备的维护。设施设备不仅需要管理,还需要精心维护。

设施设备姓"公",其保养维护工作容易被忽视,应当有组织、有计划、有标准、有规程地进行维护,确保设备随时能够正常运行,且使用寿命长、综合效能高。

三要提高设施设备的效能。这就需要:其一,设施设备是工具,得用。公共文化基础设施是有成本的,不能建好就完事,不能让其"空转",不能将其作为"摆设",而应当使其得到充分利用,甚至应当整合资源物尽其用,提高设施设备的利用率和共享度,这个意识必须强化。其二,加强内容建设,防止设施设备"空心化"。有设施无内容或内容保障不力,设施就成了一具空壳,只有有内容才能吸引市民前往,"空心图书馆""空心文化馆""空心科技馆""空心阅览室"不可能发挥其应有功能,没有内容,则设施越大浪费越大。2001年,国际图联曾发布一个公共图书馆的"采购率"标准(见表6-2),即公共图书馆的文献资源保障标准,达到该"标准",所做的投入才是有效的,反之则所有的投入基本上是无效的。

其三,与群众需求对接,增强针对性。公共文化设施中的内容是为群众服务的,必须以人民群众的文化需求为出发点和落脚点,主动开展供给侧结构性改革,近年来各地出现的一些创新做法,比如利用互联网把图书馆、读者、书店连接起来,开展"菜单式"服务,变"政府配送"为"群众选择"就是很好的做法,能够有效避免或减少供需脱节,能够充分发挥公共文化设施设备引领群众、帮助群众的功能作用。

表6-2 公共图书馆采购率标准

服务人口(万)	中等藏书规模(万册)	年采购率(万册)
10	20	2
5	10	1.25
2	4	0.5

(四)加强公共文化基础设施管理队伍建设

设施设备是人管人用、为人服务的,公共文化基础设施的建设、运营和管理不能见物不见人,必须加强管理队伍建设。

一要有岗就有人——专职。公共文化基础设施管理部门必须定岗定员,配备专门的工作人员,为公共文化设施良好运行提供人员保障。然而目前我国基层公共文化队伍建设滞后,全国4万多个乡镇、60万个行政村,虽然每个乡镇文化站、图书馆一般都按要求配备了在编工作人员,但是事实上一些地方的个别工作人员"在编不在岗、在岗不在任"——兼有其他工作、在做其他事情,如此,公共文化基础设施的功效可想而知。这种情况必须改变。

二要人员有能力——专业。公共文化基础设施管理工作有岗有人还不够,还需要工作人员有能力,能够管好用好相关设施设备,对设施设备功能不全或遭受损坏能及时修复或请人修复,以便消除安全隐患,恢复功能,确保设施设备在开放的时候能正常运转。

三要人有责任心——专心。公共文化基础设施管理工作有岗有人有能力也还不够,还需要工作人员有责任心,有干好工作、为人民服好务的主观意愿,能够按照当地群众的文化需求和生活习惯,对室内场所定时开放,对户外设施加强巡查管护,如此才能最大限度地用好用足设施设备,实现公共文化设施设备方便群众、服务群众、造福群众的目的。

二、加强公共文化服务,提升城镇品质

仅有设施是不够的,完善设施的目的是用它们更好地为民服务。相对于其他文化服务,公共文化服务具有公共性、公平性、公益性,是一种使用公共权力或公共资源来保障公民基本文化权利的服务方式。一般地说,公共文化服务如何,彰显了一个国家、一个地区的经济社会发展水平,在新型城镇化格局下也彰显了新型城镇化的发展水平。

（一）推进基本公共文化服务均等化

基本公共文化服务均等化是社会主义制度的必然要求，是新型城镇化的当然任务。2016年2月，习近平提出深入推进新型城镇化建设"四个更加注重"的工作要求中，就有"更加注重城乡基本公共服务均等化"①。推进基本公共文化服务均等化必须做好以下工作：

一要推进公共文化服务城乡一体化。"城乡一体化"是基本公共文化服务的总原则。推进城乡公共文化服务体系建设，要将"城""乡"纳入一个"盘子"统筹协调。由于几十年来我国的公共文化投入一直重城轻乡，在新型城镇化建设背景下，我们有必要反哺农村，适当加大对农村地区的文化投入，促进农村公共文化快速发展；必须继续深入推进文化惠民工程，推动文化科技卫生"三下乡""图书电影文艺节目送乡村进社区"等面向基层群众的活动经常化制度化，实践以城带乡联动机制；必须注意加强对农民工流动群体的公共文化服务，针对他们的文化需求特点，引导支持和鼓励企业、社区和其他社会组织为其提供具有针对性、实效性的公共文化产品和服务，在保障他们的基本文化权益的同时为他们更好更快融入城镇创造文化条件。总之，要避免在新型城镇化进程中再次拉大城乡之间的文化差距，确保实现"以城带乡，以城促乡"的发展模式，促进城乡基本公共文化服务协调发展。

二要实现基本公共文化服务标准化。"标准化"是"均等化"的前提和基础。基本公共文化服务标准化建设不能止步于基本公共文化设施，更需要"服务"标准化，在服务上"兜底"。要按照2016年《国务院关于深入推进新型城镇化建设的若干意见》（国发〔2016〕8号）"推进城镇基本公共服务常住人口全覆盖"和《中共中央办公厅 国务院办公厅关于加快构建现代公共文化服务体系的意见》（中办发〔2015〕2号）"确立国家基本公共文化服务指导标

---

① 《坚持以创新、协调、绿色、开放、共享的发展理念为引领 促进中国特色新型城镇化持续健康发展》，《人民日报》2016年2月24日。

准""建立基本公共文化服务标准动态调整机制"精神,加强公共文化服务标准化建设,制定标准、统一规范,明确责任,强化保障,努力让不同地区的城乡居民能够真正享受到平等的基本公共文化服务。

三要推进基本公共文化服务规范化。如果说"标准化"提供的是客观标尺,"规范化"便是对人的服务要求。推进基本公共文化服务规范化,首先要推动公共文化服务人员专业化:专业人办专业事才能办得更好。加强公共文化服务、提高公共文化服务水平,需要有一支规模宏大、敬业专业的公共文化服务队伍。其次要开展专业培训:通过不断提高从业人员的素质、责任心、专业水准来不断提高公共文化服务水平。再次要建立完善公共文化服务工作机制:通过强化制度约束、激励约束,保障基本公共文化服务标准能够得到不折不扣的贯彻落实,确保服务规范到位;最后要加大对边远地区、贫困地区的政策倾斜和帮扶力度:对边远地区、贫困地区给予政策倾斜、进行必要帮扶,确保这些地区设施到位、人员到位、服务到位,让当地居民能公平享受党和政府的公共文化服务"红包",享受城镇化的"红利"。

(二)推进公共文化服务社会化

作为"基本公共文化服务"应当"均等化",但是作为"公共文化服务"却应当"社会化"。"基本公共文化服务"旨在"兜底","公共文化服务"则应努力满足人们"日益增长的美好生活需要",努力满足人们的个性需求,这个目标,只有"社会化"才能实现。过去我们的公共文化服务建设工作大多由政府文化部门承担,政府不堪重负,市场有力却不能进入,群众享受到的文化产品难以丰富。党的十八届三中全会通过的《中共中央关于全面深化改革若干重大问题的决定》明确提出"鼓励社会力量、社会资本参与公共文化服务体系建设",为完善公共文化服务指明了方向。2015年中共中央办公厅、国务院办公厅《关于加快构建现代公共文化服务体系的意见》也明确要求"鼓励和引导社会力量参与""培育和促进文化消费",推动公共文化服务社会化势在必行。

一要加强公共文化服务标准化建设。这里所说的"标准化建设"，主要指建立公共文化服务的客观标准，这是公共文化服务社会化的前提和基础，有效保障城乡居民能够享受到应当享受的公共文化服务。

二要引入市场机制，充分发挥市场在文化资源配置中的决定性作用。"责任有限""能力有限""精力有限"的政府进一步简政放权，放弃大包大揽，不当"运动员"只当"裁判员"，从"办文化"向"管文化"转变，从公共文化服务的"提供者"变而成为"引导者""购买者"，打破"政府出钱办、群众围着看"的服务模式，引入社会主体参与，引入竞争机制，推动政府、社会和群众等主体间实现良性互动，激发整个社会的文化创造力，做大公共文化服务的"蛋糕"，让人民群众得到实惠得到好处。

三要建立健全政府向社会力量购买公共文化服务机制。2015年5月，国务院办公厅转发文化部等部门《关于做好政府向社会力量购买公共文化服务工作的意见》(国办发〔2015〕37号)，对政府向社会力量购买公共文化服务的购买主体、承接主体、购买内容等作出了明确规定，为政府购买公共文化服务奠定了政策基础；同年，国务院批转国家发展改革委《关于2015年深化经济体制改革重点工作的意见》也提出要"推动政府向社会力量购买公共文化服务""推广政府和社会资本合作(PPP)模式"，为公共文化服务社会化指明了具体的路径。至于政府和社会主体在推进公共文化服务社会化过程中如何实现有机互动，还需要在具体的实施过程中不断探索、不断完善。

四要强化文化管理部门的监管职责。推进公共文化服务社会化，政府角色由公共文化服务的"提供者"变为"引导者""购买者"，绝不是简单的"推卸工作"，"放权"并未"放责"，政府要做的是集中精力搞好监督管理，做好自己的本分，确保"购买"的公共文化服务"保质保量"，确保能够满足城乡居民不断增长的公共文化服务需要。

（三）推动公共文化服务优质化

公共文化服务重在提供"服务"，应当在"服务"上做得更好，不断创"优"。

一要努力实现公共文化信息资源网络共享。在信息化、网络化时代的今天，公共文化服务不能与时代脱节，必须将共享服务网络延伸到社会的方方面面，通过现代已然发达的通信和网络技术，给民众提供及时的、便捷的数字信息服务，最大限度地满足群众"即使不出门，能知天下事"的文化需求。

二要努力实现公益文化单位免费开放。积极推进国有博物馆、图书馆、科技馆、文化馆、革命纪念馆、文化宫、青少年宫等公共文化设施逐步向社会免费开放。

三要努力实现公共文化服务供给与群众需求无缝对接。公共文化服务以民为本、为民服务，因此我们的包括重大文化惠民工程在内的公共文化服务不能自娱自乐，而应以人民群众的文化需求为出发点和落脚点，主动实施供给侧结构性改革，努力提供"菜单式""订单式"服务，与民众需求有效匹配无缝对接，决不能让公共文化服务"供""需"脱节做"无用功"，真正实现公共文化服务为民、便民、利民的功效。

四要不断提高公共文化服务人员素质。"服务"是"人为"的，推动公共文化服务优质化离不开从业人员的遴选和对其素质能力的不断提升。因此在"遴选"时就应当选择那些有服务意愿、有服务能力的人员；在工作中还要适时培训和引导，让他们不断提质强能；不可缺少的，还要建立考核机制，定标准定任务，给予相应的（可以是大力度的）正负（奖惩）激励；还可引导社会力量加入公共文化服务人才队伍：设立各级文化志愿者管理组织，建立文化志愿者人才库，建立健全相关机制。总之，只有公共文化服务人员思想素质、业务素质提高了，公共文化服务的水平才能真正得到提高。在这方面，上海等地已经走在了前面。以上海为例，2013年上海市对公共文化从业人员启动了"三年万人培训计划"，市文广局以政府购买服务的方式，委托专业机构对全市体制内外的各级各类公共文化从业人员从"基本理念、前瞻思考、人文素养、实务操作"四个维度开展职业素质能力培训，有效帮助公共文化从业人员提质强能。

五要努力提高公共文化服务的群众满意度。由于人民群众的精神文化需求不断增长、不断提高，公共文化服务也必须不断增量提质，条件允许的地区可以对居民的文化消费实行补贴，可以与时俱进地对居民开展免费的新知新识新技新能讲座或培训，在信息化时代的今天实行免费 Wi-Fi 全覆盖，等等，扩大公共文化服务空间，提升公众对公共文化服务的满意度。

三、引导促进文化消费，增强城镇发展动力

所谓文化消费，指人们用文化产品或服务满足其精神心理需求的一种消费。包括购买相关产品如电视机、录像机、照相机、电脑、手机、电子书等，也包括享受相关服务如看电影、看电视、看戏剧、打游戏、听讲座、逛公园、网游等。文化消费作为居民消费中的软支出，与基本衣食住行的刚性需求不同，标志着居民生活质量提高，彰显着居民消费结构升级，是幸福感增强的重要指标。从当前情况看，总体上我国文化消费呈逐步增长趋势，但是城乡居民人均文化消费支出占人均消费支出的比重偏低、增长速度比较缓慢也是客观存在。在拉动我国经济发展的三大要素即投资、外贸、消费中，消费发挥了重要作用，但是文化消费却是消费中的短板。随着文化产业不断提质升级，随着人们生活水平逐年提高，政府有义务引导和促进居民进行文化消费，主观上有利于丰富居民的精神生活，客观上助推新型城镇化顺利发展。

（一）现实：居民有需

随着经济的发展，我国人民生活水平逐渐提高，文化消费能力已经具备。

一是国民收入逐年增加。

表6-3 2001—2020年我国GDP和城乡居民收入情况①

（单位:元）

年份	人均GDP	城镇居民人均可支配收入	农村居民人均可支配收入
2001	7517	6860	1748(人均纯收入)
2002	7972	7703	2476(人均纯收入)
2003	9030	8472	2622(人均纯收入)
2004	10502	9422	2936(人均纯收入)
2005	13944	10493	3255(人均纯收入)
2006	15931	11759	3587(人均纯收入)
2007	18665	13786	4140(人均纯收入)
2008	22640	15781	4761(人均纯收入)
2009	25125	17175	5153(人均纯收入)
2010	29678	19109	5919(人均纯收入)
2011	34999	21810	6977(人均纯收入)
2012	38534	24565	7917(人均纯收入)
2013	41805	26955	8896(人均纯收入)
2014	46531	28844	10489
2015	49351	31195	10291
2016	53980	33616	12363
2017	59660	36396	13432
2018	64644	39251	14617
2019	70892	42359	16021
2020	72447	43834	17131

马斯洛需求的层次理论告诉我们,随着人们收入增加,基本的物质需求得到满足后,精神需求便会产生并逐渐增强。按照世界各国的经验,人均GDP超过3000美元,则社会消费出现物质和精神并重的特点;当人均GDP超过5000美元,则精神消费成为居民的主要消费。2011年我国人均GDP首次超

---

① 数据来自国家统计局历年国民经济和社会发展统计公报。

过 5000 美元,标志着我国消费结构已进入以精神文化消费为主的快速调整时期。

二是恩格尔系数逐渐降低。

表 6-4　2001—2020 年我国城乡居民的"恩格尔系数"情况①

年份	城镇居民家庭恩格尔系数	农村居民家庭恩格尔系数
2001	0.379	0.478
2002	0.377	0.462
2003	0.371	0.456
2004	0.377	0.472
2005	0.367	0.455
2006	0.358	0.43
2007	0.363	0.431
2008	0.379	0.437
2009	0.365	0.410
2010	0.357	0.411
2011	0.363	0.404
2012	0.362	0.393
2013	0.350	0.377
2016	0.293	0.322
2017	0.286	0.312
2018	0.277	0.301
2019	0.276	0.300
2020	0.292	0.327

随着人均可支配收入水平的逐年增长,恩格尔系数逐渐降低,按照国际惯例,当恩格尔系数达到 30%—50% 时,社会对文化产品的需求会蓬勃高涨,人们对文化产品的消费激情明显被点燃,而根据国家统计局的数据,2001 年以来我国城乡居民的"恩格尔系数"不断降低,生活水平不断提高,生活水平逐

---

①　数据来自国家统计局历年国民经济和社会发展统计公报。

渐提高不断刺激人们对文化产品和服务的消费欲望,客观上推动了文化产业快速发展。

三是人们对精神产品的需求逐渐增强。

表 6-5　2015—2019 年居民消费情况[1]

	全国居民人均消费支出(元)	比上年增长率(%)	教育文化娱乐消费(元)	占消费比例(%)
2015	15712	8.4	1723	11
2016	17111	8.9	1915	11.2
2017	18322	7.1	2086	11.4
2018	19853	8.4	2226	11.2
2019	21559	8.6	2513	11.7
2020	21210	-1.6	2032	9.6

随着城镇化加速推进,随着"中国特色社会主义进入新时代,我国社会主要矛盾已经转化为人民日益增长的美好生活需要和不平衡不充分的发展之间的矛盾"[2],我国人民的生活水平明显提高,已经不再满足于物质享受,教育文化娱乐消费逐渐成为人们生活之所必须,其消费额和占消费比例也逐年提高(见表 6-5),人们越来越重视消费中的精神享受和审美快感,对文化产品和服务的消费需求不断加大,甚至已逐渐超越"有没有"的消费层次,迈入消费得"好不好"的阶段,人们越来越看重产品或服务背后蕴含的文化含量,越来越看重产品或服务的品质。随着我国人民生活越来越好,人们的文化需求会越来越高,文化消费将越来越大。

(二)使命:政府有责

作为公共文化的提供者,政府尤其是政府公共文化管理部门有责任、有义

---

① 数据来自国家统计局 2015—2020 年国民经济和社会发展统计公报。

② 习近平:《决胜全面建成小康社会　夺取新时代中国特色社会主义伟大胜利——在中国共产党第十九次全国代表大会上的报告》,人民出版社 2017 年版,第 11 页。

务适时对居民开展文化消费的培育和引导,这样既能提高居民的幸福指数,也有助于当地的精神文明建设,建树良好形象。

一是初期阶段有引导促进的必要。我国现阶段真正意义上的"文化消费"起步不久,有人将2014年称为"文化消费的先导年"。因为在这一年里中央出台了一系列刺激文化消费的政策。《国务院关于推进文化创意和设计服务与相关产业融合发展的若干意见》(国发〔2014〕10号)以及文化部、中国人民银行、财政部联合发布的《关于深入推进文化金融合作的意见》(文产发〔2014〕14号)等文件明确提出鼓励有条件的地方补贴居民文化消费,扩大文化消费规模,加大金融支持文化消费的力度。2015年1月,中共中央办公厅、国务院办公厅印发的《关于加快构建现代公共文化服务体系的意见》更是强调要"培育和促进文化消费",可见这是政府的责任,是公共文化管理部门的义务。

二是通过引导促进文化消费增量。现实中,我国文化消费与中国经济规模和居民收入增幅不相匹配,一直处于低迷状态,不仅不能有力拉动文化产业发展,也影响了居民的快乐感幸福感。文化消费不力,固然有当前国民社会保障不够健全、贫富差距较大、文化产品受欢迎程度不够等客观原因,其实也存在观念原因,广大居民对文化消费认同度不够,觉得那是可有可无的东西。在我国国民经济总体进入"小康"的今天,如果能够加以引导和促进,文化消费情况肯定会有很大不同。

三是通过引导推动文化消费提质。当前,在文化消费逐渐走强的现实背景下,存在两个比较严重的问题:一个是文化产品一定程度存在低层次同质化竞争问题,知识、技术、创意含量不高,文化内涵不足,产品质量尚未达到大众预期,居民文化消费难以得到充分释放;另一个是文化产品和文化消费尚未完全摆脱"低俗""媚俗"问题,过于"娱乐",格调不高。通过引导促进,不仅可以影响居民的消费观,培育其文化消费观念,促使其享受文化消费、受益于文化消费,促成其文化消费行为,还可以推动居民通过文化消费逐渐远离粗糙,远离低俗,走向高雅,走向精品,并通过引导促进消费、引导文化企业走向高品位、走向高品质、做长产业链、提高附加值、在全球大舞台上增强竞争力。

（三）担当：措施有力

2014 年 12 月,国内首个促进文化消费的文件——《北京市人民政府关于促进文化消费的意见》出台,提出了具体的工作任务,值得借鉴。2015 年 11 月,《国务院办公厅关于加快发展生活性服务业促进消费结构升级的指导意见》正式印发,它为适应人民群众消费升级需求而作,旨在推动生活性服务业全面提升规模、品质和效益。2018 年,国务院办公厅印发《完善促进消费体制机制实施方案(2018 2020 年)》,要求"总结推广引导城乡居民扩大文化消费试点工作经验和有效模式",进一步激发居民释放文化消费潜力。

一是培育文化消费意识。文化消费的前提是关注,是有消费意愿。可以出台相关文件,对民众进行引导;可以利用文化广场、户外宣传屏幕、社区宣传栏等设备加大对文化消费的宣传力度,利用报刊、影视等传统媒体和微信、微博、游戏等现代电子传媒开展与此相关的主题宣传活动,吸引人们关注文化产品;可以有意识地鼓励支持图书出版、动漫、影视、演艺等各级各类文化企业进社区、进学校、进机关、进企业,增进人们对文化产品的了解,鼓励支持文化企事业单位及社会组织举办科普、欣赏、体验等活动或开展书法、绘画、摄影以及其他文创作品竞赛,举办科普讲座和展览……以多种多样的方式引导消费者逐渐养成健康有益的业余文化爱好,养成消费文化产品和文化服务的习惯。

二是促进文化消费行为。要关注人们的文化消费取向,丰富文化消费业态,创新并扩大有效供给,引导企业更加积极主动地适应市场需求变化,使文化产品和文化服务与老百姓的日常生活相对接,为老百姓所需要所喜爱;要加大文化产品和服务的供应量,让人民群众感到总有一款适合他,满足消费者多样化、多层次的文化消费需求,全方位激发消费热情,引发消费冲动;要提升文化产品和服务的质量,让老百姓看到就想感受,看到就想拥有;要优化文化消费环境,加大财税支持力度,建设文化消费信息资源共享服务平台,加强消费者权益保护,使民众的消费变得更方便、更放心;要鼓励文化企业与时俱进,拓展电子商务营销模式,利用网络,利用微博、微信、抖音及其他移动互联网方式向消费者及时推送最新文化消费信息;鼓励和支持文化企业让利促销。

三是建立相应工作机制。建立文化消费权益保护机制:要营建安全可信的消费环境,保护消费者合法权益;要完善有利于创意和设计发展的产权制度,保护知识产权。建立和完善激励机制:要建立文化消费补贴机制,对文化企业进行有效激励,使文化产品和文化服务服务价格"亲民";要建立"文化惠民"机制,每年设"文化消费季"、每月设"文化消费周"或每周设"文化消费日",或发放"国民文化消费卡""文化消费券"等补贴居民,让百姓能够拥有、能够享受文化产品和文化服务,逐渐养成文化消费的习惯,促进文化消费不断增量、不断提质。建立健全文化市场监管机制:加强监管,改善服务,有效提高行政执法能力和水平,营建良好的消费环境。

四、保护传承传统文化,唤醒城镇"灵魂"

城镇化进程中最容易受到伤害的是传统文化资源。在传统城镇化阶段,城镇化粗放式推进,由于文化遗产保护意识不够,一些地方大拆大建,简单地用现代元素与风格取代传统民居、传统建筑、街巷风貌和田园风光,导致许多的古遗址、古建筑、民居、文化街区、古村落等或荡然无存,或面目全非;乡土特色、民俗文化乃至延续几千年的传统思想、传统理念也被当作落后之物被抛丢、被遗弃……历史文脉被粗暴割裂,不可再生的历史文化资源迅速流失,整个社会生活尤其是精神生活失去了文化土壤的支撑。这种情况必须改变,传统文化的保护和传承工作迫在眉睫。

(一)重视并用好传统文化资源

"新型城镇化"崇尚"新",但并非唯"新"为美,并非不要"传统"。

马克思早就指出:"人们自己创造自己的历史,但是他们并不是随心所欲地创造,并不是在他们自己选定的条件下创造,而是在直接碰到的、既定的、从过去承继下来的条件下创造。"①哪个城镇都不是横空出世突现于当下,都是在承前启后、继往开来中走到今天的。如同生物基因影响生物体遗传特征,文化基因也影响一个城镇,决定其文化性格。在城镇化不断推进的今天,只有守住我们的文化之根、唤醒我们的文化之魂,我们的内心才能增强自信,我们的脚步才能更加坚实,我们的事业发展才能更加顺利。

其一,传统文化是城镇的"根"和"魂"。习近平一再强调,传统文化是我们民族的"根"和"魂","抛弃传统、丢掉根本,就等于割断了自己的精神命脉"②。民族如此,国家、城镇也是如此。20世纪以来,世界各国都在反思城市化的经验教训,其共识是:城市发展固然需要发达的现代工业,需要强劲的经济实力,更需要深厚的文化底蕴和健康向上的城市精神。就一个城镇而言,传统文化是它的灵魂,一个城镇的魅力不在于它有多少高楼大厦,而在于它的历史底蕴——它记载着这个城镇的形成,记载着这个城镇的发展,记载着这个城镇的兴盛,记载着这个城镇的伤痛,彰显着这个城镇不同于其他城镇的独特魅力,这才是通过漫长岁月逐步形成和积淀下来的城镇最可宝贵的财富。"不忘本来才能开辟未来,善于继承才能更好创新。"③"只有坚持从历史走向未来,从延续民族文化血脉中开拓前进,我们才能做好今天的事业。"④只有保护和传承好传统文化,让城镇有历史记忆、有文化脉络、有地域特色,我们的城镇才有坚实的基础,才有深厚的软实力,才有盎然的生机,才有持续发展的动力。

其二,保护传承传统文化资源才能维护新型城镇的文化多样性。传统文

---

① 《马克思恩格斯文集》第2卷,人民出版社2009年版,第470—471页。
② 《习近平谈治国理政》第一卷,外文出版社2018年版,第164页。
③ 《习近平谈治国理政》第一卷,外文出版社2018年版,第164页。
④ 习近平:《在纪念孔子诞辰2565周年国际学术研讨会暨国际儒学联合会第五届会员大会开幕会上的讲话》,人民出版社2014年版,第14页。

化是我们的前人在长期的历史发展中沉淀下来的、打上了一定的时空印记、适应当时当地的生产生活的思想、观念以及这些思想观念指导下人们的想法、说法、做法、活法。世界很大,我们的城镇也应该是多姿多彩的,不可能也不应该所有城镇都是同样的长相、同样的风貌、同样的气质、同样的精神。每个城镇都有自己的古迹遗址,都有自己的民风民俗,都有自己的独特个性,都有自己的向往追求,而这些往往凝聚在当地的传统文化中。保护和传承传统文化,能够让各城镇彰显自己独特的美,百花齐放,装点河山。

其三,保护传承传统文化资源有利于新型城镇化健康推进。新型城镇化的核心和关键是人的城镇化,强调人的生产方式、生活方式改变,强调文化和习惯改变,强调人们的思想和行为与城镇文明、市场经济的要求相协调,但这并不意味着抛弃传统、丢掉传统文化。传统文化并不是封建、落后、愚昧的代名词,相反,传统文化中有很多精华,是我们先人智慧的凝聚,比如传统文化所倡导的"讲仁爱、重民本、守诚信、崇正义、尚和合、求大同"等思想理念,尤其是"天人合一"的宇宙观、"重义轻利"的价值观、"崇尚节俭"的发展观等。之所以它们能牢固积淀于人们的思维模式和行为方式中、能深刻影响一代又一代中华儿女,成为中华民族生命力、凝聚力、创造力的重要源泉,就是因为传统文化不仅对人与自然、人与社会、人与自我关系的认识正确、深刻、精辟,而且凝聚着中华民族的智慧追求、饱含着中华民族的精神基因、滋养着中华民族生生不息发展壮大。若能以此指导我们的新型城镇化工作,将帮助我们少走弯路,事半功倍,使城镇化"化"得健康、"化"得顺利;如果逆之而行,则城镇化工作可能事倍功半甚至造成更大的影响。

(二)保护并用活优秀的物质文化

物质文化即为了满足人类生存和发展需要而创造的物质产品的总和,通常看得见摸得着,是人们的观念、需求及其能力的物质载体,是文化的有形部分。包括饮食、服饰、建筑、生产工具、交通工具以及乡村、城市等,凝聚、体现着人们的生存方式、生存状态。2019 年 11 月初，习近平考察上海时指出："文化是城市的灵魂。城市历史文化遗存是前人智慧的积淀，是城市内涵、品质、特色的重要标志。要妥善处理好保护和发展的关系，注重延续城市历史文脉，像对待'老人'一样尊重和善待城市中的老建筑，保留城市历史文化记忆，让人们记得住历史、记得住乡愁，坚定文化自信，增强家国情怀。"①传承优秀的物质文化至少应做好以下工作：

一是加大对古城、古镇、古街的保护力度。城镇化并不意味着抛弃传统、与过去截然斩断，相反地，城镇化要求有个性、有存在的价值，有持久的生命力，就需要传统物质文化的支撑。人们常说有故乡不能同平添乡愁，其实回到故乡看不到熟悉的旧物找不到熟悉的环境更会失落、更会惆怅，只有保护好古城古镇古街，保护好祖先智慧的物质成果，以其独特的建筑风格、纯朴的历史风貌、优美的自然生态环境、科学合理的城镇布局彰显古城古镇古街的历史文化魅力，才能使回乡人升腾起亲切感、归属感，找到回"家"的感觉。

二是加大对传统村落的保护力度。城镇化并不等于去乡化，传统村落是中国乡村社会的缩影，是中华民族的文化基因和历史根脉，在那里，除了有大量的建筑遗存、原样的历史风貌、人与自然和谐共处的田园风光，还有原汁原味的"非遗"文化。因此，在城镇化建设中还必须重视乡村建设，加强对传统村落的保护，以传统村落固有的历史积淀、丰富的文化信息释放其深厚的"根源型"价值，丰富城镇化内涵，优化城镇化效果。

三是加大对传统民居等传统建筑的保护力度。每个国家和民族都有自己的文化传统，这种文化传统在其传统建筑尤其是传统民居身上得到了很好的体现，可以说民居在一定程度上体现了该国家该地区该民族人民的思想和精神。我们的传统民居便是如此：就内部而言，传统民居多以"四合院"形式构建，其前后左右有主有宾平衡协调地排列，反映了我国传统社会结构形态的内

---

① 《深入学习贯彻党的十九届四中全会精神　提高社会主义现代化国际大都市治理能力和水平》，《人民日报》2019 年 11 月 4 日。

向性特征和尚"礼"传统,彰显着一种群体意识;就外部而言,常常借山水之势,力求与天地和自然万物和谐,虽由人作,宛自天开,以趋吉避凶、招财纳福,体现了中华民族"天人合一"、人与自然和谐相处的心态和追求。保护民居其实就是在保护民族文化,就是在传承民族精神,同时也是在守卫世界文化的多样性。

四是加大对遗址、遗迹的保护力度。每个地方在其长期历史发展过程中总会留下一些有意义、有影响的遗址遗迹——比如远古文化遗址遗迹,比如近现代遗址遗迹,比如名人故居、重大事件遗址等,它们记录着当地的历史,留下了真切可感的历史场面和历史精神,是当地不可复制的"宝贝",然而或者由于岁月的长期冲刷,遗址遗迹自然风化朽蚀严重,或者由于现代建设的持续推进,遗址遗迹被遗弃遗忘,或者由于城镇的开发,遗址遗迹被破坏被拆除……总之全国各地的各种遗址遗迹遭受了不同程度的自然的、人为的破坏和损毁,新型城镇化建设中有必要修缮它们、维护它们、恢复它们,为当地的发展保留文化基因、增添文化内涵。

（三）保护并传承优秀的非物质文化

非物质文化与物质文化相对,指各族人民世代相传并视为其文化遗产组成部分的各种传统文化表现形式（包括传统口头文学以及作为其载体的语言,传统美术、书法、音乐、舞蹈、戏剧、曲艺和杂技,传统技艺、医药和历法,传统体育和游艺等）,以及与传统文化表现形式相关的实物和场所,是历代祖先思想和智慧的结晶。相对于物质文化传承,非物质文化的传承更难、更艰辛,需要投入更多的精力和财力。

一要加大挖掘抢救整理力度。随着我们对非物质文化遗产的不断重视不断挖掘,我们被列入"非遗"名录的项目越来越多——根据《国务院关于公布第一批国家级非物质文化遗产名录的通知》（国发〔2006〕18号）,明确了"第一批国家级非物质文化遗产名录",包括民间文学、民间音乐、民间舞蹈、民间

戏剧、曲艺、杂技与竞技、民间美术、传统手工技艺、传统医药和民俗,共 10 类
518 项。2008 年,国务院又公布了"第二批国家级非物质文化遗产名录",主
要包括民间文学,传统音乐,传统舞蹈,传统戏剧,曲艺,传统体育、游艺与杂
技,传统美术,传统技艺,传统医药和民俗等,共 10 类 510 项;公布了"第一批
国家级非物质文化遗产扩展项目名录",类别同前,共 147 项。2011 年,国务
院公布了"第三批国家级非物质文化遗产名录",类别同前,共 191 项;公布了
"国家级非物质文化遗产扩展项目名录",类别同前,共 164 项。2014 年,国务
院公布了"第四批国家级非物质文化遗产名录",类别同前,共 153 项;公布了
"国家级非物质文化遗产扩展项目名录",类别同前,共 153 项。这些仅仅是
"遗产"类的文化资源,且仅仅是"国家级"的,还有众多的"省级""市级""县
级"文化资源,每个地方都有自己的"宝贝"。由于我国土地辽阔、历史悠久,
还有不少遗产"养在深闺人未识",甚至还有一些濒临失传,我们还有进一步
调查、挖掘、整理和研究的空间,只有加大项目挖掘力度,使祖先留给我们的各
项非物质文化遗产都得到很好的保护和传承,我们才无愧于祖先的馈赠,才无
愧于后人的期待。

二要还原传统节日的文化精髓。每个民族的传统节日文化都因适应该民
族的风俗习惯、具有鲜明的民族个性和丰富的文化特质而得以传承,我们"过
节",在意的并非"日子"本身,而是赋予该节的人文意义,因此应当还原传统
节日文化内涵,帮助人们准确了解自己的文化,清醒地知道"我是谁",培养人
们对传统节日文化的认同感,增强人们的民族认同感和民族归属感,更好地满
足人们正常的心理和情感需求,避免人们数典忘祖、丢了自家宝贝,守卫好自
己的精神家园,同时也让节日有"灵魂"有生气,与"假日"区别开来。

三要加强代表性传承人培养。非物质文化遗产传承难,最大的原因在于
其载体不是物质而是活人,必须找到这些人、保护这些人并且充分发挥他们在
传承非物质文化方面的作用,而这不是一件容易的事。2011 年颁布的《中华
人民共和国非物质文化遗产法》第二十九条明确规定:"国务院文化主管部门

和省、自治区、直辖市人民政府文化主管部门对本级人民政府批准公布的非物质文化遗产代表性项目，可以认定代表性传承人"，认定以后怎么办？必须要着力培养。一般地说，各项非物质文化遗产的代表性传承人通常是"原生态"的，其文化知识水平并不高，审美境界、创意设计等都存在一定局限，各地应制定相应的较为系统的培养计划，全面提高"非遗"代表性传承人的学养；与此同时，国家应更加重视非物质文化遗产保护，加大宣传力度，甚至在国民教育中开设相关课程或专业，培养后继人才，推动"非遗"得到更好的保护。

（四）传承并弘扬优秀的思想文化

"抛弃传统、丢掉根本，就等于割断了自己的精神命脉。博大精深的中华优秀传统文化是我们在世界文化激荡中站稳脚跟的根基。中华文化源远流长，积淀着中华民族最深层的精神追求，代表着中华民族独特的精神标识，为中华民族生生不息、发展壮大提供了丰厚滋养。"[1]城镇化必须传承传统文化，尤其要传承一种非常特殊又特别重要的非物质文化——思想文化。

一要传承和弘扬"天人合一"的宇宙观。在中国思想史上，"天人合一"是一个基本的信念。天，就是大自然；人，就是人类；天人合一就是人与自然和谐统一。有人认为，"天人合一"是中国文化对人类最大的贡献。不管是不是"传统文化对人类的最大贡献"，它确实是我们祖先智慧的凝结，值得我们很好地传承：首先，要克服人类中心主义，承认其他生物的存在价值。大千世界不是单为人类而存在的，人只是其中的一分子，大自然中每一物种都各有其价值，人必须依靠它们才能生存。如果人类漠视或消灭其他物种，则可能害他害己；世间资源也不仅应由人类与现有物种共享，而且应由当代物种与后代物种共享，如此才是"天人合一"。其次，不要完全顺从自然现象，而应完善自然。我们提倡"顺应自然规律"反对"顺从自然现象"，顺从已经出现的自然事实是

---

① 《习近平谈治国理政》第一卷，外文出版社2018年版，第164页。

片面和错误的,因为自然并非完美无缺,作为生态系统的一员,我们不能简单地顺从自然,更不能放任自然,而应尽力防止自然界不利于生态平衡的一面,降低破坏性。再次,慎言"征服自然",更多敬畏自然。人类对自然界的"征服"行动会破坏自然环境和生态结构,扰乱自然运行的程序,形成对自然的毁损和破坏,造成生物和人类的生存危机,就像恩格斯在《自然辩证法》中所说的那样:"我们不要过分陶醉于我们人类对自然界的胜利。对于每一次这样的胜利,自然界都对我们进行报复。"①我们只有尊重自然、敬畏自然才能真正与自然和谐相处。

二要传承和弘扬"重义轻利"的价值观。"义者,宜也"(《中庸》),即说该说的话做该做(符合社会公益)的事;"利"则泛指个人私利。"重义轻利"是中国传统思想的重要的内容,也是中华民族一直崇尚的价值追求。随着市场经济的发展,"义"与"利"的关系问题越来越凸显,能否正确看待和处理,是一个很大的社会问题,关系到做人立身,也关系着国家民族。首先,"重义轻利"并不否定应得之利。"义""利"之间并非决然相对、非此即彼,并非义者绝不受利、利者绝对不义,"重义"并不否定对利益的追求,国家的发展、社会的进步,为的就是不断为民造福谋利、让人民生活天天向上。说应说的、做该做的叫"义",得应得的也绝非"不义"。其次,"义""利"相争以"义"为先。工作生活中难免出现义与利不能兼顾即"义""利"冲突的情况,此时则应重义轻利、先义后利,"义不容辞"。毕竟"义"是国家民族的道德基础,"利"只是人们生存和发展的物质需求。"利"自然很重要,只讲"义"不讲"利"无以生存,但是如果一个国家或民族重"利"轻"义",凡事"利"字当先,则这个国家或民族难以让人安身立命,也难以立足于世界国家民族之林。再次,制度设定保护"义"举。"天下熙熙,皆为利来;天下攘攘,皆为利往。"(《史记·货殖列传》)人类逐利的本性决定了义行不易,所以传承"重义轻利"的价值观必须尊重人

---

① 《马克思恩格斯文集》第9卷,人民出版社2009年版,第559—560页。

类趋利避害的本性要求,在制度上为义行义举扫清障碍,让行义者得到红利、得到好报,从而引导和激励更多的人趋义行义。

三要传承和弘扬"崇尚节俭"的发展观。"节",就是节制、限制;"俭",就是节省、不浪费,爱惜物力。节俭是我们中华民族的传统美德和行事准则,是绵延五千年的优良品质,是我们修身、齐家、治国、平天下的有效法门。如今,改革开放推动我国社会经济长足进步,人们生活条件日益改善,吃穿不愁,然而,享乐主义与奢靡之风却日益滋生甚至愈演愈烈,穷摆阔、富奢侈成为一种"时尚",给可持续发展带来隐患,这种情况必须改变。首先,尚"节俭"不等于拒"消费"。我们搞建设、谋发展,为的就是利民福民,增强民众的获得感、幸福感,但凡事过犹不及,当用则用、当止则止才是正道。其次,不浪费,不盲目消费。生活中的浪费现象随处可见,灯常明、水长流、空调长开、物品稍有损坏不再言"修"只言"换",简单快捷"买买买"。各种资源是有限的,我们"不能吃祖宗饭、断子孙路",必须珍惜资源、为明天打算、为子孙存留,因此必须该买才买、当用才用,物尽其用,绝不浪费。再次,拒豪奢,不过分追求"高大上"。有人以为节俭仅仅是体谅物力艰辛、应对物质匮乏的生活观,是一种被动应付,是一种无奈选择,其实非也。节俭是对文明的体认、对进步的向往、对社会责任的担当,是未雨绸缪的发展观,是虑及明天虑及未来的体现,是一种主动作为。社会越是文明进步,人们越是崇尚节俭,越是低调低碳,因为文明本身就包含着珍惜资源、珍爱环境的生活态度,包含着以艰苦奋斗为荣、以骄奢淫逸为耻的精神境界,节俭本身就是一个现代文明的显著标识。我们是发展中国家,不少人还生活在贫困线上下,我们的钱包并没有鼓起来,没有任何理由不厉行节俭,没有任何理由不艰苦奋斗,因此应该实事求是,量入为出,量力而行,切不可超越能力炫耀性消费,不必为"面子"苦"里子"。

第七章　壮大实力：以文化产业促进新型城镇化

党的十九大报告指出："中国特色社会主义进入新时代,我国社会主要矛盾已经转化为人民日益增长的美好生活需要和不平衡不充分的发展之间的矛盾。"①如果说"公共文化"强调"公益性",重在满足广大群众的基本文化需要,保障其基本文化权利,那么,"文化产业"则是以"经营"的方式,努力满足不同群体多样性、个性化的文化需求,弥补文化产品不丰富的问题。

"文化产业"概念正式出现于 2000 年 10 月党的十五届五中全会,在《中共中央关于制定国民经济和社会发展第十个五年计划的建议》中,第一次在中央正式文件中使用"文化产业"这个概念;2002 年,党的十六大报告要求积极发展文化事业和文化产业,支持文化产业发展;2004 年,党的十六届四中全会提出解放和发展文化生产力;2007 年,党的十七大报告要求大力发展文化产业,繁荣文化市场;2009 年 7 月,国务院常务会议审议通过《文化产业振兴规划》;2010 年,党的十七届五中全会明确要求"推动文化产业成为国民经济支柱性产业"②;

---

① 习近平:《决胜全面建成小康社会　夺取新时代中国特色社会主义伟大胜利——在中国共产党第十九次全国代表大会上的报告》,人民出版社 2017 年版,第 11 页。

② 《中共中央关于制定国民经济和社会发展第十二个五年规划的建议》,《人民日报》2010 年 10 月 28 日。

2012年2月，中共中央办公厅、国务院办公厅印发《国家"十二五"时期文化改革发展规划纲要》，提出加快发展文化产业、加快文化体制机制改革创新、加强文化产品创作生产的引导；同年下半年，党的十八大正式吹响"推动文化事业全面繁荣、文化产业快速发展"①的号角；2017年4月，《文化部"十三五"时期文化产业发展规划》发布，明确了"十三五"时期文化产业发展的总体要求、主要任务、重点行业和保障措施；同年下半年，党的十九大继续强调"推动文化事业和文化产业发展"②。

　　根据国家统计局《文化及相关产业分类（2012）》，"文化产业"包括"文化产品的生产"和"文化相关产品的生产"两大类，具体如表〔材料来自国家统计局《文化及相关产业分类（2012）》〕：

表7-1　文化产业分类

两大部分	十个大类
文化产品的生产 文化相关产品的生产	新闻出版发行服务 广播电视电影服务 文化艺术服务 文化信息传输服务 文化创意和设计服务 文化休闲娱乐服务 工艺美术品的生产 文化产品生产的辅助生产 文化用品的生产 文化专用设备的生产

一、发展文化产业对新型城镇化意义重大

　　城镇作为人口高度集中的场所，是人类文化的重心所在，我们很难想象一

---

① 《胡锦涛文选》第三卷，人民出版社2016年版，第639页。
② 习近平：《决胜全面建成小康社会　夺取新时代中国特色社会主义伟大胜利——在中国共产党第十九次全国代表大会上的报告》，人民出版社2017年版，第43页。

个对文化没有深刻理解的城镇能够长期持续健康发展,而在市场经济大潮汹涌澎湃的今天,城镇文化建设的重任不可能全部由政府承担,政府有限的行政资源不可能满足众多人口不断增长的精神需要,这就需要向社会"众筹",需要社会方方面面资源的支持,用市场的力量来培育城镇文化的正能量,而这正是文化产业的价值所在。正是因为这样,党的十八大报告明确提出推动"文化产业成为国民经济支柱性产业"①,党的十八届三中全会报告进一步要求"提高文化产业规模化、集约化、专业化水平",党的十九大要求"健全现代文化产业体系和市场体系",文化产业在未来新型城镇化的建设中不能只是当"配角",应该更多地发挥其产业优势,更多地作为。

（一）文化产业促进城镇经济增长

"文化产业"是"文化"与"产业"的结合体,既然是"产业",必然与"经济"相关照,必然能推动经济发展。按照学术界公认的一个规律,当人均 GDP 达到 2000 美元至 3000 美元时,是文化产业快速成长期,根据表 6-3、表 6-4 可知,从 2008 年起我国人均 GDP 就已突破 2000 美元,恩格尔系数也持续下降,人们的消费投入自然也会越来越多地进入到文化领域,文化产业已经并且正在逐步成为"三产"中最具有发展潜力的产业之一,不可逆转地成为新的经济增长点。这是客观存在的现实,是经济发展到一定阶段的必然结果。

文化产业附加值高。促进经济增长的主要方式之一是提高劳动效率,在这方面,文化产业优势明显。当代社会,文化创意和科技创新是现代产业发展的两大引擎,如果说科技创新通过改变产品和服务的功能结构提高产品的使用价值,文化创意则通过向产品和服务注入文化元素——比如观念、艺术、情感、品位等提升产品和服务的价值。一般地说,传统产业存在边际成本递增、边际收益递减的问题,文化产业则不这样,它具有边际生产率递增的特点,因

---

① 《胡锦涛文选》第三卷,人民出版社 2016 年版,第 626 页。

为文化产业主要生产精神产品，通过知识产权的开发使精神产品进一步传播、扩散和应用，并因此扩大就业、创造财富。对于文化产品而言，物质元素只是产品的载体，凝结于其中的文化元素才是产品价值的体现，是人们精神为之愉悦的东西，这决定了文化产品具有很高的附加值。如此，一方面，传统产业通过融入文化元素可以提高产品和服务的观念价值，为陷入技术同质化处境的产品市场注入新的活力；另一方面，由于文化产业较一般产业而言可以提高投资效益，因此更能够吸引投资，而投资的增加又会进一步刺激新的创意产生，刺激技术进步，从而创造出新的文化产品，使作为文化内涵和创意内容的产品和服务具有更高的附加值……不断良性循环，可以长期地、稳定地提高经济增长率。通常情况下，文化产业做得越好、生产规模越大，其关联衍生产品也就越多、就业率也就越高，其创造的经济效益和社会效益也就越大。

我国文化产业资源丰富。我国大力发展文化产业具有得天独厚的条件和优势。我们有五千多年的悠久文明史，有 56 个民族，文化积淀十分深厚，文化类型极其丰富：历史的、人文的、有形的、无形的……再加上最近这些年"大众创业，万众创新"激发出来的干事创业激情和智慧，可以说有着难以估价的文化资本。如果我们抓住机遇，把丰富的文化资源转化为文化资本，大力发展文化产业，既能创造巨大的财富，又能丰富城镇文化生活、满足广大人民的精神需要，还能因此更好地传承和弘扬优秀文化传统、增强民族文化自信。

我国文化产业的发展时机已经来临。首先，城镇化建设为文化产业的发展开辟了巨大空间。城镇化的逐步推进，提高了国民的生活水平。根据马斯洛的需求层次理论，人在实现基本生存需求之后，精神需求会越来越凸显。恩格尔经过研究发现实现这个转变的转折点是 0.4。而中国人的恩格尔系数从 2012 年起城乡都已低于 0.4，2019 年中国城乡恩格尔系数分别达到了 0.276 和 0.300（见表 6-4）。可见我国人民对文化消费需求的增长才刚刚开始。其次，深化改革为文化产业的发展释放了强劲活力。回顾改革开放以来尤其是近年来我国文化产业快速发展的历程，我们不难发现，文化体制改革的逐步深入起到了很大的作用,党的十八届三中全会作出了全面深化改革的决定,对文化领域深化改革也提出了具体要求,文化产业的发展获得了新活力、新动力。再次,"互联网"为文化产业的发展提供了重要支撑。文化产业的核心是创意,文化消费的特点是主客体之间认识和情感的交融,"互联网"使产品的社会关注渠道大大拓展,社会关注成本大大降低,社会关注机会大大增加,个性化消费品的创造、交流和完善日益成为新型市场的重要方式和组成部分,使文化产业从更高的层次上实现经营的集约化,能够更深入、更精准地走近消费者。

表 7-2　2010—2020 年末固定互联网宽带接入用户数和移动宽带用户数①

(单位:万)

年份	固定互联网宽带接入用户	移动宽带用户
2010	12629	4705
2011	15000	12842
2012	17518	23280
2013	18891	40161
2014	20048	58254
2015	25947	70611
2016	29721	94075
2017	34854	113152
2018	40738	130565
2019	44928	接入流量 1220 亿 GB（比上年增长 71.6%）
2020	48355	接入流量 1656 亿 GB（比上年增长 35.7%）

根据中国产业信息网《2017 年我国文化产业占 GDP 比重及相关产业企业营收增速分析》,2005—2013 年中国文化及相关产业增加值及其占 GDP 比重情况如表 7-3 所示:

---

① 数据来自国家统计局历年国民经济和社会发展统计公报。

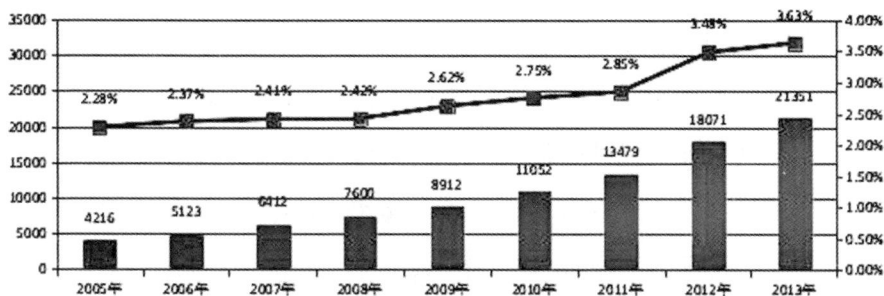

图 7-1 2005—2013 年中国文化及相关产业增加值（亿元）及其占 GDP 比重

根据国家统计局官方公布的数据，2011—2018 年，我国文化及相关产业增加值及占 GDP 比重持续提升，具体情况如下。

表 7-3 2011—2019 年我国文化及相关产业增加值及占 GDP 比重情况

年份	增加值（亿元）	占 GDP 比重（%）
2011	13479	2.85
2012	18071	3.48
2013	21351	3.63
2014	23940	3.76
2015	27235	3.97
2016	30785	4.14
2017	34722	4.2
2018	41171	4.48
2019	44363	4.5

（二）文化产业推动城镇"绿色""低碳"

全球城镇化走到今天，资源约束趋紧，环境污染加重，生态系统退化已经成为人类不得不面对的问题，"高消耗、高污染"的传统产业已经不能适应人类的可持续发展。这个问题已经引起党和政府的高度重视，因此 2012 年 12 月召开的中央经济工作会议明确指出："要把生态文明理念和原则全面融入城镇化全过程,走集约、智能、绿色、低碳的发展道路。"①这对于文化产业而言,无疑是一次难得的历史机遇。

促进城镇产业转型。不可否认,城镇化在发展经济的同时难免给环境造成污染、给人们的身体造成伤害、给人们的生活带来影响。要有效地实现人与自然和谐共处、人与城镇和谐发展,就必须坚定不移地走新型城镇化道路,一些传统产业必然衰颓甚至退出,低能耗、污染小的高附加值制造业和现代服务业必然成为城镇主要发展方向,文化产业作为城镇经济发展到一定阶段产生的经济形态,无论是"文化产业化"还是"产业文化化",无论是通过自身与科技、与创意结合催生新的文化产品还是通过给传统产业融入文化元素提高产品或服务的价值,都以低耗、环保为特色,都以"绿色""无污染"为基调,与传统工农业相比较,文化产业属于知识密集、技术密集、创意密集的新兴产业,它以"文化"和"创意"为核心竞争力,以文化资源为依托,以"智慧""创意"促发展,能够有效降低耗能、能够减轻资源和环境的压力,能够有效推动城镇经济增长方式向绿色、环保、低碳转变,使城镇建设逐渐摆脱资源环境承载能力的制约和束缚,走向新型城镇要求的"集约、智能、绿色、低碳"。

促进城镇经济增长方式转变。在新型城镇化中,有限的城镇土地资源客观上决定了城镇不能继续发展低端制造业。经济增长、城镇发展不能以环境污染为代价,不能为"金山银山"毁了我们的"绿水青山",不能伤害今人,也不能危及后人。要实现这个目标,必须转变城镇经济增长方式,文化产业可以做到。城镇化建设中难免涉及旧城改造、难免有不少企业外迁,文化产业可以顺势而为,可以通过对老厂房、老仓库甚至老民居的改造,建成工业设计展示平台,建成艺术品集散中心……既能产生经济效益,又能留住城镇记忆,在建设城镇的同时保护生态环境,保护我们赖以生存的不可复制的家园。总之,开发好、利用好文化资源,能够有效促进文化与科技有机融合,使之成为城镇经济

---

① 刘兴云:《新型城镇化顶层设计的思路》,《光明日报》2013 年 2 月 27 日。

新的增长点。

促进城镇消费结构升级。当前,文化产业尚未融入民众的日常生活。从前面的表6-5可见,居民消费结构中"教育文化娱乐"总体偏低(11%左右),文化产品消费的增长潜力较大。我们有理由相信,随着人民群众生活水平的不断提高,对精神文化的消费需求必将日益增加。而随着文化产业活力的不断释放,娱乐休闲、文化旅游、艺术体验、时尚消费等必然会成为现代化城镇经济结构的重要组成部分,而不断增长的文化消费也必将促进并推动城镇产业升级。

党的十八大不仅提出要"建设社会主义文化强国",还提出"文化产业成为国民经济支柱性产业"的目标,党的十九大要求"健全现代文化产业体系",这是时代的期待,是社会的期待,更是新型城镇化建设的期待。

(三)文化产业增强城镇"软实力"

文化产业不仅有经济属性,也有社会属性;不仅可以创造可观的经济效益,还能带来不小的社会效益,能有效提升城镇的"软实力"。

保护城镇文化资源。虽然文化产业可以借助"创意"实现资源"无中生有"和"有中更优"的转化,用无限的文化创作突破有限的资源约束,促进城镇经济的可持续发展,但这并不意味着文化产业不需要文化资源,毕竟文化资源可以引发更多"创意",包括历史遗迹、民俗风情、传说掌故、文学艺术作品等元素都是文化产业的重要资源,可以通过发展文化产业得到更好的挖掘、保护、开发和利用,让城镇更有文化感,可以收到事半功倍的效果。

带给市民文化"福利"。党的十九大报告指出,新时代主要矛盾已经由"人民日益增长的物质文化需要同落后的社会生产之间的矛盾"转变为"人民日益增长的美好生活需要和不平衡不充分的发展之间的矛盾",文化产业以传媒、影视、动漫、游戏、演出、展览、主题公园等形式,全方位覆盖了市民的精神生活,能满足人们多样化、个性化需求,使广大居民在工作之余得以娱乐、得以休闲,得到滋养,获得美的享受,在改善物质生活的同时改善精神生活,健康身心,提高生活品质,提高幸福指数,让人们在城镇生活得更快乐更舒心。

提升城镇的文化竞争力。一个城镇可以没有历史,但是不能没有文化,文化是城镇的灵魂。而一个地方、一个城镇文化底蕴如何、文化发展如何,常常通过文化产品、文化服务体现。文化产业发展越好,其所生产的文化产品、所带来的文化服务中包含的文化意义、社会意义越丰富,产品的文化价值越高,与此同时,文化产业与城镇规划、旧城改造、城镇建设的融合,可以使历史的、地域的、民族的特色文化得到更好的凝聚和展现,可以避免城镇文脉中断,赋予城镇更多的文化内涵,可以滋养市民,可以使当地的特色文化得到更好的传承和弘扬,可以涵养城镇精神,可以使城镇更有文化,从而产生强大的文化影响力,对内增强向心力、凝聚力,对外增强辐射力、吸引力。

(四)文化产业助力城镇可持续发展

文化产业作为战略性新兴产业,它追求集约、智能、生态、人文,与新型城镇的发展方向一致,能够有效推动新型城镇健康发展。

文化产业的"集约"功能推动城镇可持续发展。我国土地辽阔,产业升级在不同地区有不同的基础和要求,但总要求是一致的,即要逐步从"粗放型"转向"集约型",从"资源消耗型"转向"资源保护型"、从"低附加值型"转向"高附加值型"。文化产业完全符合这些要求,对第三产业的集约发展有着强劲的推动作用,其物质上的低投入高回报注定了文化产业发展前景广阔,注定其成为"文化富民"的重要途径,其高度渗透性对关联产业具有很强的带动作用,可以推动城镇可持续发展。

文化产业的"智能"属性推动城镇可持续发展。文化产业作为战略性新兴产业,它与传统的工业、农业不同,属于知识密集、智力密集、创意密集、技术密集的产业类型,核心竞争力主要是人们的创意和技术,在科技发展日新月异的今天,自动化、信息化、数字化、网络化等高新技术已经成为文化产业发展的基本方向。而文化一旦与科技、与智能结合,不仅可以增加产品的科技含量、传播能力,还能降低文化产品的各种成本,突破各种壁垒,实现更好的发展,同时还能推动城镇走向现代,走向智能。

文化产业的"生态"性质推动城镇可持续发展。文化产业不像传统产业完全依附于"物",完全受"物"的限制和约束,毕竟自然资源有限,文化产业更多依赖于知识和智慧,依赖于"创意",所以发展文化产业不会掠夺自然资源,属于"环境友好型产业",能推动能源消耗逐步降低,能减轻区域范围内的资源短缺与环境压力,一般不会受资源"瓶颈"的影响,因此文化产业一直被誉为"绿色产业""低碳产业""环保产业",是新时代的"朝阳产业"。一些自然资源有枯竭的时候,而知识、智慧和创意可以不断挖掘,永不枯竭,有利于人与自然、人与城镇协调发展、可持续发展。

文化产业的"人文"特色推动城镇可持续发展。我们的任何发展都是为了人,为了人有更好的生活和发展。"文化产业"说到底就是"文化"与"产业"的深度融合,其发展以人为第一资源,强调以"文"化人,其生产的产品和服务又回过头来供人消费、为人服务,而且人们的精神文化需求永无止境。根据《国家新型城镇化规划(2014—2020年)》,到2020年,常住人口城镇化率将从2014年的53.7%提高到60%左右,户籍人口城镇化率将从该年的36%提高到45%左右。以此推测,城镇人口将从2014年的7亿增加到8亿—9亿,其中2亿多农民工及其随行家属将享受与城镇居民同样的待遇,中等收入群体也会不断增加,到那个时候,人们对文化的需求必定大大增强,文化产业的活力必将进一步释放。根据国家统计局《国民经济和社会发展统计公报》,2019年末,全国大陆城镇常住人口84843万人,占总人口比重为60.60%,户籍人口城镇化率为44.38%;2020年年末常住人口城镇化率超过60%。

党的十八大不仅提出要"建设社会主义文化强国",还提出"文化产业成为国民经济支柱性产业"的目标,党的十九大要求"健全现代文化产业体系",这是时代的期待,是社会的期待,更是新型城镇化建设的期待。

二、强力推动文化产业健康发展

发展文化产业,需要认识到位,更需要行动到位,只有行动,才能推动愿景落地落实。

(一)转变政府职能,优化环境

文化产业的发展需要活力迸发的文化市场,需要进一步解放思想,理顺政府与文化企事业单位的关系。政府要加快文化管理机制改革,减少政府对文化企业的干预,用科学发展观来规划文化产业发展方向、目标和路径,在坚持各种基本准则的前提下,遵循市场法则组织和运作文化产业这一系统工程,发挥市场在资源配置中的决定性作用,政府本身则回归本位,做好本分,强化服务。

提供政策支持。政策是影响产业发展的重要因素。政府可以通过制定政策为文化产业发展提供方向上的引导,避免文化产业发展方向走偏;政府可以通过金融、税收、人才培养等方面的政策倾斜,给文化产业以实实在在的支持,帮助文化产业不断发展壮大;政府可以通过实施优惠政策刺激和引导更多的资金、人才、技术向优质文化产业方向集中,优化文化产业发展的整体结构,保证文化产业发展的完整性、持续性、科学性;政府可以通过政策对产业主体市场行为进行指导和约束,防止进入退出产业无序以及恶性竞争;政府可以通过政策使市场价格趋于合理,激发消费者信心,为文化产业健康发展创造良好的条件。

优化运营环境。文化产业又快又好发展,离不开良好的运营环境。而这正是政府的职责所在。这些年政府已经并且持续在行动,2017 年印发了《文化部"十三五"时期文化产业发展规划》,各级政府及其部门都在努力作为,一方面,深入推进行政审批制度改革,简政放权,放管结合,加强监管,优化服务;

另一方面,不断完善文化产品和要素市场建设,不断加强文化产品流通体系建设,不断加强知识产权保护利用,不断规范市场秩序,不断释放社会力量,采取各种措施,规范并维护文化产业市场的发展秩序,促进文化企业积极创新,促进文化产业稳定健康发展。

培育消费市场。文化产品和服务的提供,既需要从供给侧入手,增加供给数量,改善供给结构,提高供给质量,也需要从需求侧入手,培育和扩大文化产业发展的市场基础,二者并用,二者并重。随着经济持续发展,我国居民消费水平逐步提高,但与此同时文化消费却是短板:根据央广网 2013 年 11 月 14 日消息:文化部文化产业司和中国人民大学联合发布《中国文化消费指数(2013)》报告,指出我国实际文化消费规模约为 1.038 万亿元,占居民消费总支出 6.6%,而我国文化消费的潜在规模为 4.7 万亿元,应占居民消费总支出的 30%,因此存在约 3.66 万亿元的文化消费缺口。

从前文中表 6-5 可以看出,直到 2019 年,我国居民人均教育文化娱乐支占总支出比重比例都很低,不到 12%,2020 年更是下降为 9.6%。培育文化消费市场,既能有效拉动文化产业,也可以刺激文化消费。

（二）强化核心竞争能力，提升品质

推动文化产业持续健康发展,提高核心竞争力是重中之重。具体而言,需要从三个方面下功夫。

一是强化创新。文化产业是创意产业,其发展离不开创新,"思路"决定"出路",创新才有活力。必须契合新形势、新思维,不断创新产品与消费业态,不断满足人民群众的新要求。其中,产品创新是核心。人无我有、人有我优的产品才有持久的、旺盛的生命力,文化产业必须不断提高原始创新能力、集成创新能力以及创造性转化创新性发展的能力,开发出具有自主知识产权的新装备、新技术、新产品。科技创新是关键。文化产业是智慧产业,原创优势尤为重要,在文化与科技融合发展的今天,文化产品与互联网、高科技的关联性十分密切,推动文化产业创新发展,既需要内容创意,也需要技术创新,好的内容只能依托先进科技才能得到更完美的呈现。治理创新是保障。良好的治理是文化产业创新发展的必要条件。应当充分发挥行业组织的作用,从单一管理主体向多元主体转变,从干预向监管转变,从管制型向服务型转变。

二是突出特色。市场竞争中,价格竞争是低级竞争,品牌特色竞争才是高级竞争。文化产业决不能搞低层次的价格竞争,而应进行高层次的创新竞争。党的十七届六中全会提出发展特色文化产业,2014 年,文化部、财政部印发《关于推动特色文化产业发展的指导意见》(文产发〔2014〕28 号),要求发展区域性特色文化产业带、建设特色文化产业示范区,打造特色文化城镇和乡村、健全各类特色文化市场主体、培育特色文化品牌、促进特色文化产品交易。可以说,突出特色其实也是我国发展文化产业的优势。一方地理滋养一方人文,我国 960 多万平方公里,拥有极其丰富的文化素材;我国是多民族国家,共56 个民族,各民族生活习俗、文化习惯迥异,天然拥有多样的、具有民族特色的文化产品;中华上下五千年文明史,更是我们文化产业的有力后盾。文化产业需要各地根据自己的资源禀赋和功能定位,紧紧抓住地域特色、民族特色、传统特色等各种自己独有或自己独长的优势和特色去发展,走特色化、差异化发展之路,打造与众不同的、具有蓬勃生命力的成果,才能赢得广泛关注,才能获得广泛享用,才能在激烈竞争的文化产业立于不败之地,而从整体上看,也才能取得文化产业优势互补、相互协调、联动发展、大家共赢的最好结果。

三是重视人才。经验型的文化技能和创新型的文化能力是文化产业的核心资源,这个核心资源是通过"人"来体现的,人才就是文化资本的载体,是文化产业发展的基础和根本。因此,发展文化产业必须重视人才、爱惜人才。不仅要不拘一格引进人才,还要加强企业与院校的合作、聘请名家大咖培养人才,还要完善制度、强化激励(比如鼓励并支持拥有特殊才能和自主知识产权的人才以知识产权、无形资产、技术要素等作为资本入股创办或者领办文化产业),以期留住人才、人尽其才,还要鼓励高等院校设立相关专业,支持高等院校、科研院所和文化企业共建人才实训基地，为文化产业的可持续发展储备人才，增强后劲。

（三）提高规模化程度，增强效益

针对市场需求，优化产业布局，统筹协调文化企业、文化产业园区、文化产业基地、文化产业群的资源，利用产业链方式将跨地域、跨部门、跨行业、跨所有制的文化资源进行整合，促进规模化集约化开发，推动可持续发展。

产业集群发展。文化产业最大的特点是中小微企业占主体，单个发展势单力薄，如果他们抱团发展，构建地理、文化、社会共同体，共同分享资源，共同抵御外在风险，形成企业与企业之间、企业与政府之间、企业与环境之间、企业与资源之间的"共生"发展模式，则可以形成强大的合力，实现共生、共赢、共荣。作为一种文化产业的组织方式，文化产业集群能统筹协调区域文化产业，已成为各国提升文化产业核心竞争力的战略举措。在我国，随着城镇功能的逐步完善，文化产业也越来越要求集体的互动和企业的地理集聚，以形成集群化环境，增强企业竞争优势，使企业得到更好的发展。换一个角度看，文化产业集群发展，其规模性、关联性、专业性、集约化对新型城镇化也起到了积极的推动作用。

延伸产业链条。任何产业实际上都由一系列产业链组成，并通过链条上各元素互动推动产业发展壮大。文化产业也是如此，一方面，文化产业是"无边界"产业，无论是"文化产业化"还是"产业文化化"，都把文化与技术、与制造、与服务融为一体，跨越了传统的产业边界，打破了地域障碍，推动产业范围延伸，表现出很强的兼容性，大大扩展了产业发展的空间范围，形成了紧密联系的高增长产业集群，其高增长性、高辐射性、高渗透性等经济特征使其在很多地方逐渐上升为城镇支柱产业，从而带来集约化效应：能够以几倍、几十倍甚至几百倍的增幅升值产品价值，并且能通过与旅游、交通、制造、房地产等行业的渗透融合，实现集约化增长。另一方面，文化产业又是高关联度产业，可以形成前向关联——主要表现为生产型文化产业对原材料的需求、对创意的需求、对技术的需求会刺激相关产业发展;也可以形成后向关联——主要表现为消费型文化产业的需求变化对上游产业的影响,就像动漫产业带动音像、影视、游戏、旅游、服装、广告会展等相关产品和服务市场的发展;还可以形成旁侧关联——横向关联,主要表现为文化的渗透作用和辐射作用,比如大型会展可以带来城镇旅游观光、交通通信、住宿餐饮、商务贸易等相关产业的发展。发展文化产业若能延伸产业链,形成多向联动,则能够推动相关产业共同发展,降低文化企业成本,提升相关产业的文化附加值。不同领域的重组与合作,又能促进传统产业结构升级、形成新的战略产业,从而完善产业链,实现共赢共荣。以"网游"为例,据有关专家测算,网络游戏对相关产业能够产生 1∶10 的带动效果:它每赚 1 元钱,其带动的产业链相关行业能赚到 10 元钱。

　　跨界融合发展。随着经济的不断发展,原来泾渭分明的产业界限开始模糊,并逐渐跨界融合发展。"文化产业"本身就是"文化"与"产业"融合发展的结果,"文化"与"产业"一经融合就产生了神奇的功效,使传统产业焕然一新,比如传统的旅游业通过结合历史文化、民俗风情、适当艺术加工,便形成集观光、娱乐、商务为一体的休闲产业。如今文化产业跨界融合发展——无论是跨门类融合、跨要素融合,还是跨行业融合、跨地域融合,等等,其本质上都是一种资源整合、优势整合,能够形成更为庞大的文化产业发展资源。在数字化时代的今天,令我们印象最为深刻的当数"数字文化产业"。由于云计算、大数据、物联网、人工智能与"互联网+"等技术的广泛应用,涌现出诸多新兴文化业态,涵盖了网络游戏、动漫、影视剧、视频、数字文化装备、数字艺术展示等众多领域,文化产业的内涵和外延得到极大丰富,文化产业结构从产业链到价值链得到不断的优化升级,文化产业的影响力和市场竞争力不断提升。2020年"新冠肺炎病毒"肆虐期间,线上教育、线上办公、线上观影、线上学技、线上观展已然成为宅家常态,数字文化产业功不可没。

三、发展文化产业需要注意的问题

在知识经济迅猛发展的当下，文化产业越来越成为第三产业中最富现代意义、与高科技结合最紧密的产业，对国家的贡献也越来越突出，越来越受国家的重视，其发展势头也越来越好，但是一些问题也需要引起高度重视。

（一）注重错位发展

在党和政府一系列文化产业发展部署和巨大文化需求的推动下，我国文化产业快速发展，生产经营潜力得到极大释放。但是，由于长期以来文化管理运行体制、机制的影响，由于文化产业发展阶段、发展观念等因素的制约，由于文化市场尚未完全成熟等原因，一些地方文化产业的发展陷入了"雷同化""同质化"的误区，比如广西桂林推出《印象·刘三姐》之后，一些地方陆续推出一系列"印象"，人们观看《印象·刘三姐》时可能感觉耳目一新，但是再看后面的作品或多或少难免有点邯郸学步、东施效颦之感，难以形成之前的冲击力。因此需要强调错位发展，与众不同。

注重规划，优化文化企业生态系统。发展文化产业，各地地方政府应当加强引导，掌控好本地文化产业的发展方向，必须根据当地实际，在认真论证分析的基础上制定规划。规划起宏观指导作用。制定规划应当做好全局的战略性思考，要"一盘棋"考虑，要拉出当地"文化资源清单"，充分考虑各个地方的资源禀赋和功能定位，注意扬长避短，实现特色化展现、差异化互补。有了规划，可以避免发展的盲目性，有效避免模仿跟风，做到各美其美、美美与共。

强调创新，提升文化产品品质。一方面，文化产业属于创意产业，高度依赖创新意识，强调与众不同，重视原创，必须尊重市场规律，积极鼓励创新，提供从内容到形式能够满足各层次消费者个性化需求的产品和服务，促进文化产品多样化；另一方面，文化产业也是时尚产业，需要增加科技投入，提高文化产品供给的科技水平和价值,这也是一种创新。如此,客观上也实现了文化产业从同质化向多样化、从低质化到高质化的转变,也能体现各自的特色和优势。

做"特"经营,创新文化企业经营模式。发展势头良好的文化企业可以通过兼并收购一些创新动力不足的文化企业,实现强弱互助,以此扩大规模;也可以是文化企业之间强强联合实现优势互补,不断为文化企业的发展注入新动力,规避传统经营的风险。尤其是在"微时代"的今天,个性化文化需求日益彰显,文化产业的错位发展已是明显的趋势。

(二)坚持守根创新

"文化产业"是关于"文化"的产业,没有"文化",就没有"文化产业"。而"文化"靠不断传承、不断发展才走到今天。没有传承,就没有今天的文化;但如果只有传承,没有发展,没有创新,没有进步,也没有今天的文化。文化产业有责任有义务实践并彰显文化的"传承"与"创新"。

文化产业发展需要传承优秀传统文化。一方面,文化产业发展离不开历史传统,否则就是无源之水、无本之木,没有活力。中国有五千年灿烂文化,历史文化资源非常丰富,文化产业发展应当守好宝藏、用好宝藏,充分展现中华优秀传统文化的博大精深。另一方面,文化产业作为文化传播的重要媒介,本身也肩负着传承本民族优秀传统文化的历史责任。中华优秀传统文化是中华民族数千年积淀下来的,是中华民族的"根"和"魂",文化产业应当通过生产的文化产品和提供的文化服务传承中华优秀传统文化。

文化产业发展必须创新传统文化。文化产业要积极传承本民族优秀传统文化的基因,更要善于进行文化创新。要在文化内容上创新,充分挖掘优秀传统文化的现代价值,结合时代新元素进行整合、创造,形成更能体现时代价值的文化内核;要在文化表现和传播方式上创新,突破传统文化技艺的限制,充分利用影视、网络、激光、卫星等现代技术,以用户乐于接受和参与的多种多样的形式包装和表达,实现传统文化的创造性转化和创新性发展。2019 年的动画电影《哪吒之魔童降世》改编自家喻户晓的神话故事,与当下流行的网络语言和新型动漫制作技术结合,不仅收获了 49.7 亿元的票房,更获得良好的口碑。

文化产业发展还需借鉴他国的成功经验。他山之石,可以攻玉。习近平总书记在文艺工作座谈会上指出,传承中华文化,绝不是简单复古,也不是盲目排外,而是古为今用、洋为中用、辩证取舍、推陈出新,摒弃消极因素,继承积极思想。一些发达国家在文化产业方面比我们起步早,有很多发展经验值得我们学习,有一些教训值得我们借鉴,通过学习,我们可以少走甚至不走弯路,生产出更多为社会大众喜闻乐见、能引领社会更加向善向好的文化产品,有效推动文化产业更加快速、更加健康地发展。

（三）强化文化担当

文化产业作为产业形态,肯定是要讲产值,文化产业占 GDP 的比重确实也给各地推动文化产业发展提供了重要的考量标准,但是,"文化产业"姓"文化",所以"文化产业"决不能够为了产值丢了"文化",必须有自己的文化担当。

树立"做产业先做文化"的理念。"文化产业"说到底就是"文化"与"产业"的深度融合,文化之所以能成为产业,是因为某种文化产品具有广泛的受众,能为广大受众带去精神享受,能引发受众的精神共鸣,然后才会观看影剧、购买图书、欣赏音乐……然后才能成为产业,并非因为这些产品如何有利可图。换言之,人们被文化所吸引,产业因此而诞生。"问渠哪得清如许,为有源头活水来",而"文化"则是文化产业的"源头活水",是文化产业的灵魂和根基。因此做文化产业必须强化文化理念,重视文化内涵,富有文化意趣,如果只是空挂"文化"名头,披着"文化"外衣,实际上只是"产业",则难免"挂羊头卖狗肉"之嫌,难以彰显文化的价值、难以发挥文化的作用。

恪守"社会效益优先"的原则。文化产业是内容产业,内容是文化产品的核心。文化产业提供文化产品,实际上是向公众传播某种思想观念。这是文化产业区别于其他产业最突出的特点。因此,文化产业必须要有高度的文化自觉,注重品位,注重格调,注重自身的社会责任,不仅要追求经济效益,更要强调社会效益,必须回归"文化"的本性,发挥"以文化人""文德教化"的社会功能,注重挖掘时代的闪光点,必须弘扬主旋律、传递并激发正能量,引导广大群众有更高的精神追求。"以高尚的精神塑造人、以优秀的作品鼓舞人"应当成为文化产业的自觉担当。

宣传"社会主义核心价值观"。文化的核心是价值观,文化产品与一般产品不同,应注意价值观的培育和引导。美国文化产业就很注重宣传"美国文化"、宣传"美国精神",传播美国的物质建设成就、美国人的富裕生活以及美国人不断标榜的"民主""自由",大家熟悉的影视作品无不如此。我们的文化产品应该在满足人们不断增长的精神文化需要的同时,传播主流意识形态,传播社会主义核心价值观念,具体而言,就是要将社会主义核心价值观和文化产品有机融合,让广大民众在消费文化产品的同时浑然不觉地受到社会主义核心价值观的影响,让文化产品"润物无声"地对人们的思想和行动起到凝聚和感召作用,为实现"中国梦"提供强大的精神动力。

第八章　加强保障：以制度文化
护航新型城镇化

新型城镇化是一个为人的全面发展提供均等机会的过程,是一个追求同城居民甚至不同地区的城乡居民待遇相同保障一致的过程,是一个力求实现社会各个阶层共建美好社会、共享发展成果的过程,因此是一个庞大复杂的系统工程,涉及方方面面,需要各方面发力,制度文化的保障无疑是其中的重要内容。相反,如果制度文化保障乏力,新型城镇化建设就会任人率性而为,就难以沿着正确方向持续推进。

一、进一步完善四大制度,为新型城镇化
提供强劲支撑

制度的力量人人皆知。同样的人做同样的事,不同的制度可以形成不同的文化氛围、可以产生差距巨大的结果,正如邓小平说过的那样:"制度好可以使坏人无法任意横行,制度不好可以使好人无法充分做好事,甚至会走向反面。"①很多时候我们宣传的价值观、道德观难以落实,其中的一个原因就是缺

---

① 《邓小平文选》第二卷,人民出版社 1994 年版,第 333 页。

少制度的约束,缺少良性制度的有力支撑。新型城镇化作为一个系统工程更需要良好制度的保障,然而当前一些制度设定阻碍了新型城镇化的进程,推动新型城镇化必须以刮骨疗伤的勇气和力量对它们进行大刀阔斧的改革,尤其必须完善与城镇化关系极其密切同时又存在完善空间的户籍制度、土地制度、基本公共服务制度、社会保障制度等,为新型城镇化扫除障碍提供支撑。

(一)进一步改革户籍制度,促进人口自由流动

2014年6月,习近平在中央全面深化改革领导小组第三次会议上指出:"推进人的城镇化重要的环节在户籍制度,加快户籍制度改革,是涉及亿万农业转移人口的一项重大举措。"[①]7月,国务院印发《关于进一步推进户籍制度改革的意见》。客观地说,目前户籍制度改革已经取得一定成效——当前小城镇的户籍改革已经全面推开:小城镇是我国城镇化的突破口,凡有合法固定住所、固定职业或生活来源的农民,只要本人愿意都可转为城镇户口;大中城市的规模曾经严格控制,一些地方曾规定"主城市落户需要在主城区务工经商5年以上,投资兴办实业3年累计税收10万,或者1年纳税5万以上",一些地方规定符合"在同一居住地连续居住并依法缴纳社会保险费满七年、有固定住所、稳定就业、符合计划生育政策、依法纳税"等条件者方可落户。随着城镇化的不断推进,2004年中央一号文件要求"推进大中城市户籍制度改革,放宽农民进城就业和定居的条件";2013年,《中共中央关于全面深化改革若干重大问题的决定》提出"创新人口管理,加快户籍制度改革,全面放开建制镇和小城市落户限制,有序放开中等城市落户限制,合理确定大城市落户条件,严格控制特大城市人口规模";2014年,国务院《关于进一步推进户籍制度改革的意见》要求"全面放开建制镇和小城市落户限制""有序放开中等城市落户限制""合理确定大城市落户条件""严格控制特大城市人口规模"……渐

---

① 《习近平主持召开中央全面深化改革领导小组第三次会议强调 改革要聚焦聚神聚力抓好落实 着力提高改革针对性和实效性》,《人民日报》2014年6月7日。

渐地，各地放宽了落户条件。中央电视台新闻频道 2018 年 1 月 22 日消息：西安、南京、武汉、杭州、成都、厦门、天津、长沙、福州、郑州、青岛、济南这 12 个城市已经可凭学历落户，天津、青岛、无锡、郑州、扬州、济南、杭州、成都、武汉等城市甚至"租房"即可落户，基本上算是"来者不拒"了。即便如此，相关制度也还需要进一步改革。

建立城乡统一的人口登记制度。逐步取消城乡"二元"户籍制度，推行"一元化"户籍登记管理制度——在居住就业地统一登记为"居民户口"，建设和完善覆盖全国的以居民身份证号码为唯一标识的人口基础信息，体现户籍制度的人口登记管理功能，从制度上彰显城乡一体，消除城乡分割藩篱，促进人口自由迁徙，促进城乡融合发展。

健全实际居住人口登记制度。取消传统的"二元"户籍登记后，需要重新建构替代原有的人口登记管理功能的制度，以便掌握居民的实际居住信息，因此必须建立健全实际居住人口登记制度，将居民的居住地址、居住时间等信息纳入登记范围并在此基础上建立和完善覆盖全国的人口基础信息库，及时采集和反映实住人口的住房、教育、卫生、社保、就业、纳税等信息，推进各地实际居住人口信息系统建设，同时做好跨地区流动人口的服务和管理工作，切实做到人口流动到哪里，政府的服务就提供到哪里，管理工作就跟进到哪里。

实施居住证制度。这是户籍制度改革中流动人口管理的一项过渡性安排。由于户籍制度涉及面广，关联复杂，一时难以彻底取消。在没有完全取消户籍制度的时候，公民离开常住户口所在地到其他大城市、特大城市居住半年以上者，可在居住地申领"居住证"，建立"一证通"流动人口管理制度，符合当地条件者可以在居住地申请登记常住"居民户口"，为进城人口公平有序落户提供阶梯式政策通道。这方面工作正在推进：2015 年 11 月 26 日，《中华人民共和国国务院令》(第 663 号)公布《居住证暂行条例》，已于 2016 年 1 月 1 日起施行；2016 年，《国务院关于深入推进新型城镇化建设的若干意见》(国发〔2016〕8 号)印发，全国各地都正在积极创造条件，不断提高对居住证持有人的公共服务水平。由于《居住证暂行条例》第十六条业已明确居住证持有人落户城镇的各种通道，意味着实行了几十年的户籍制度正在被改革被完善，意味着将有更多的人逐步会享受到与城镇人口同样的公共服务和社会福利。

（二）进一步完善土地制度，推动土地合理流转

新型城镇化不是只要城镇、抛弃乡村，而是城乡共进、共同繁荣，2014年《国家新型城镇化规划（2014—2020年）》便将"四化同步，统筹城乡"作为新型城镇化的指导思想之一[①]，2017年党的十九大更是在"统筹城乡发展"的基础上提出"城乡融合发展"[②]，要求振兴乡村，而土地是农业之本、是农民的"命根子"，新型城镇化必须重视土地问题，必须进一步创新土地制度。

完善城镇用地制度。前些年城镇土地利用效率不高，亟待完善用地制度。一是建立城镇用地规模调控机制。过去二三十年，我国的土地城镇化速度远快于人口城镇化，以2000—2010年为例，全国城市建成区面积增加78.5%，城镇人口只增长45.9%。据有关部门统计，2010年，城镇居民人均建设用地已达133平方米，超过国家规定的城市人均用地面积最高100平方米的标准，这种城镇化，有限的土地资源难以承受，不可持续，因此必须改革土地管理政策，将各类城镇用地标准明确写入《规划》，严控各类城镇用地总量，严控城镇扩张的规模和速度，在新增建设用地时强化人均建设用地指标约束力度，将城镇建设用地供给严格地与城镇常住人口规模或户籍人口规模的增长挂钩，使城镇建设用地与人口密度成正比。二是建立城镇用地结构调整机制。在鼓励发展绿色生态环保产业的基础上，完善各类城镇建设用地标准体系，统筹各类土地的功能，调整城乡建设用地布局，通过调整用地结构优化使用土地，提高建设用地的综合效率。三是建立城镇集约用地机制。城镇建设在土地使用上要

---

① 《国家新型城镇化规划（2014—2020年）》，人民出版社2014年版，第16页。
② 习近平：《决胜全面建成小康社会 夺取新时代中国特色社会主义伟大胜利——在中国共产党第十九次全国代表大会上的报告》，人民出版社2017年版，第32页。

积极盘活城镇存量建设用地,科学谋划未利用土地的开发空间,要考虑建筑密度,也要考虑容积率,要统筹各类土地的功能,对城镇土地进行有序再开发,通过挖掘存量土地潜力(包括地上、空中和地下),拓展城镇化发展用地新空间,合理布局城镇的生产、生活、生态空间,提高城镇建设用地的利用率。

完善农村用地制度。相对而言,土地之于农村更为重要,应当在确权和用途管制的基础上,进一步完善农村土地使用制度。一是完善耕地的使用和保护制度。必须建立并落实最严格的耕地保护制度,守住十八亿亩耕地"生命线",并划定永久基本农田,这是农村土地利用的红线、"高压线",以确保14亿中国人有饭吃,是保障粮食安全的基础,绝对不能动,必须长效保护,确保基本农田总量不减少、用途不改变、质量有提高。近年来,随着农民逐渐进城,农村强壮劳力越来越少,土地撂荒越来越成为问题。二是完善宅基地使用制度。对于农民一家一户的宅基地,国家有明确的标准,对宅基地的使用,需要进行制度上的完善,比如通过"确权颁证"承认农民对土地的权益,使农民能够利用宅基地进行抵押、承包甚至转让土地使用权,参与一些经营活动,推动农民的不动产合法而适度地流动起来。三是完善经营性土地使用制度。农村经营性土地本身就是农村从事二产三产的土地,应当在确权的基础上,支持农民拥有的经营性土地和城市经营性土地同权、同步参与市场配置,不仅可以有效吸引城镇工商资本下乡、使农民获得更多的经营性收入,还可以实现土地规模化生产经营,有力推动乡村振兴,进一步激活农用地市场。

建立和完善城乡土地流转制度。城镇化过程中人的自由流动与土地要素不可自由流转产生了严重的冲突,成为未来城镇化发展的一个核心问题,我们必须面对并解决。一是建立现代农村土地产权制度。土地关系着城乡统筹的顺利推进,建立产权明晰、归属明确的农村土地产权制度是当下土地制度的改革方向,我们必须改变现行的"生增死减"的土地承包政策,以时点划段确定权属之后不再改动,通过"确权"明确土地属性和权属。二是探索建设用地弹性出让和租赁制度。城镇化减少农民后,农业的规模化经营有了可能,农村建设用地也必然减少,客观上需要对农村"两地"的流转交易做出更好的制度安排——一方面必须强调符合规划和用途管制,另一方面,应允许农村集体经营性建设用地入股、租赁甚至出让,允许农民通过入股、委托经营、转包、土地交易所交易等多种方式流转其"红线"外用地和房屋等物权,通过流转提高农村土地的配置效率,进一步促进农用地的集约高效与规模化运作,这样不仅能够有效保护耕地,还可以让拥有土地的农民分享工业化、城镇化的红利,有效增加其财产性收入,让农民带着资本进城或变资源为资本、变农民为股东,逐步解决进城农民"城乡两栖""两头占地"的问题。2017 年,宁夏、四川、浙江、贵州等地已经开始探索农民以自愿为前提有偿退出"三权"(承包地、宅基地和住房)机制。三是完善土地收益分配制度。将土地出让收支全额纳入预算且"收支两条线"管理,将土地出让收益更多地用于被征地农民的社会保障和再就业培训,用于城镇廉租房建设,用于农村基础设施建设,等等,遏制片面追求短期收益和扩地冲动,并实施有效监督。

(三)进一步完善公共服务制度,提升市民幸福指数

让人民生活更美好是城镇化的应有之义,更是我们党和政府的不懈追求。公共服务是由政府提供的体现社会公平正义的事业,完善公共服务可以更好地体现国家责任、政府责任。由于历史的和经济的原因,优质的公共设施和公共服务资源过去基本上集中在城市,造成城乡享用优质公共服务资源的巨大差距。改革开放以来尤其是 21 世纪以来,党和政府高度重视公共服务工作,不断完善公共服务制度:党的十六届三中全会通过《中共中央关于完善社会主义市场经济体制若干问题的决定》,提出"推进就业和分配体制改革,完善社会保障体系"①;党的十六届六中全会通过《中共中央关于构建社会主义和谐社会若干重大问题的决定》,要求"以发展社会事业和解决民生问题为重

---

① 《中共中央关于完善社会主义市场经济体制若干问题的决定》,《人民日报》2003 年 10月 22 日。

点,优化公共资源配置,注重向农村、基层、欠发达地区倾斜,逐步形成惠及全民的基本公共服务体系"①;党的十七大报告将"注重实现基本公共服务均等化"②作为统筹城乡发展、促进区域协调发展的重要手段;党的十八大报告明确指出全面建成小康社会和全面深化改革开放的目标是"基本公共服务均等化总体实现。……社会保障全民覆盖"③"在改善民生和创新管理中加强社会建设"④;《国家基本公共服务体系"十二五"规划》提出要"着力增强服务供给能力,着力创新体制机制"⑤;《国家新型城镇化规划(2014—2020年)》要求"以人的城镇化为核心……稳步推进城镇基本公共服务常住人口全覆盖"⑥;党的十九大更是"完善公共服务体系""建立全国统一的社会保险公共服务平台""加快推进基本公共服务均等化",明确"从二〇二〇年到二〇三五年……基本公共服务均等化基本实现"⑦,应该说这些年来人民生活不断改善,获得感不断增强,覆盖城乡居民的社会保障体系基本建立,公共服务持续向好……但是毋庸讳言,我们的公共服务制度设定还有不足,需要进一步完善。

促进各地基本公共服务均等化。毋庸讳言,目前不同地区的公共产品供给情况并不一样,它通常与当地的经济发展水平成正比,当地经济发展越快、地方财力越强,其公共产品的供给能力就越强。新型城镇化应当促进各地基本公共服务均等化,即将其与各地经济发展水平脱钩,确保各地都能提供公平的"低水平、广覆盖、均等化"的基本公共服务,着重改善与居民生产生活紧密联系的基础设施,解决给排水尤其是安全饮水、污染治理、垃圾处理、供电供

① 《中共中央关于构建社会主义和谐社会若干重大问题的决定》,《人民日报》2006年10月19日。
② 《胡锦涛文选》第二卷,人民出版社2016年版,第632页。
③ 《胡锦涛文选》第三卷,人民出版社2016年版,第626页。
④ 《胡锦涛文选》第三卷,人民出版社2016年版,第640页。
⑤ 《国家基本公共服务体系"十二五"规划》,《人民日报》2012年7月20日。
⑥ 《国家新型城镇化规划(2014—2020年)》,人民出版社2014年版,第16页。
⑦ 习近平:《决胜全面建成小康社会　夺取新时代中国特色社会主义伟大胜利——在中国共产党第十九次全国代表大会上的报告》,人民出版社2017年版,第45、47、47、28页。

气、有线电视和网络、道路桥梁、义务教育、贫困救助、社会治安、最低生活保障、基本医疗服务等,解决民众最基本的公共需求,并随着发展逐渐提质。为此,需要中央政府统筹协调,加大对落后地区的财政转移支付力度和其他政策支持,体现社会主义制度的优越性。

推动城乡基本公共服务全覆盖。由于历史和经济的原因,优质的公共资源特别是优质的教育资源、医疗资源基本上集中在城市,造成城乡居民享用优质公共服务资源的巨大落差。继 2002 年党的十六大提出"统筹城乡经济社会发展"①、2003 年党的十六届三中全会明确"统筹城乡发展"②、2012 年党的十八大改揭"推动城乡发展一体化"③之后,2015 年党的十八届五中全会要求"推动城乡协调发展""健全城乡发展一体化体制机制""推动城镇公共服务向农村延伸",④2017 年党的十九大更强调"城乡融合发展",要求"建立健全城乡融合发展体制机制和政策体系"。⑤ 新型城镇化必须回应这一要求,扩大基本公共产品在农村的覆盖面,适当加大农村地区基本公共服务投入,同时应逐步将优质的教育、医疗等基本公共服务资源往小城镇倾斜,使农民能够就近享受城镇化的"红利",享受发展的成果。

实现同城生活共享服务。新型城镇化的核心是"人的城镇化",以人的全面发展为出发点和最终归宿。《国家新型城镇化规划(2014—2020 年)》提出城镇化的首要原则是"以人为本,公平共享",明确要求"以人的城镇化为核心,合理引导人口流动,有序推进农业转移人口市民化,稳步推进城镇基本公共服务常住人口全覆盖,不断提高人口素质,促进人的全面发展和社会公平正

① 《江泽民文选》第三卷,人民出版社 2006 年版,第 546 页。
② 《中共中央关于完善社会主义市场经济体制若干问题的决定》,《人民日报》2003 年 10 月 22 日。
③ 《胡锦涛文选》第三卷,人民出版社 2016 年版,第 631 页。
④ 《中共中央关于制定国民经济和社会发展第十三个五年规划的建议》,《人民日报》2015 年 11 月 4 日。
⑤ 习近平:《决胜全面建成小康社会 夺取新时代中国特色社会主义伟大胜利——在中国共产党第十九次全国代表大会上的报告》,人民出版社 2017 年版,第 32 页。

义,使全体居民共享现代化建设成果"。① 当下,居住在城镇的两大类人群——城镇居民和进城务工人员享受的公共服务并不相同,城镇居民或多或少占据着优势,新型城镇化要逐渐改变这种境况。虽然今天相对于过去已有明显改观,但对农民工的基本公共服务仍然存在盲点和漏洞,主要表现为农民工缺少职业病防护服务,其居住地——"城中村"的环境脏乱差,"欠薪"问题年年有,医疗、社保、子女接受义务教育等都还没有享受平等待遇,尤其是异地升普通高中和异地高考问题比较突出。虽然 2012 年国务院办公厅曾转发教育部等四部门《关于做好进城务工人员随迁子女接受义务教育后在当地参加升学考试工作意见的通知》,虽然 2014 年《国家新型城镇化规划(2014—2020 年)》已经明确指出"保障随迁子女平等享有受教育权利"②,且截至 2014 年 8 月,全国已有 27 个省份明确了随迁子女可在当地参加中考的政策、有 30 个省份明确了随迁子女可在当地参加高考的政策,但是实践上效果上还是存在一定差距,以随迁子女异地升学普高为例:2015 年全国初中毕业生 56.19%升入普通高中,而随迁子女的平均升学率仅为 31.56%,比全国平均水平低 24.63 个百分点。③ 新型城镇化必须解决这些问题。

公共服务不断增量提质。虽然近年来随着城镇化建设的持续推进,我国各级政府都在不断加大对社会公共服务的投入力度,逐步形成包括科教文卫、社会保障等在内的全方位的社会公共服务体系,然而,我们的公共服务资源仍然"捉襟见肘","上学(包括入托)难""看病贵""房价高"成为横亘在城乡居民面前的三座大山,严重影响其获得感、归属感,降低其幸福指数,公共服务不断增量提质势在必行。

① 《国家新型城镇化规划(2014—2020 年)》,人民出版社 2014 年版,第 16 页。
② 《国家新型城镇化规划(2014—2020 年)》,人民出版社 2014 年版,第 23 页。
③ 邬志辉、李静美:《农民工随迁子女在城市接受义务教育的现实困境与政策选择》,《教育研究》2016 年第 9 期。

（四）进一步完善社会保障制度，促进社会公平正义

社会保障制度是国家通过立法制定的关于社会保险、福利、救助、补贴等一系列制度的总称，是现代国家必备的社会经济制度之一，旨在保障全体社会成员基本生存与生活需求。过去在城乡二元的背景下，城乡居民享受的社会保障完全不同，新型城镇化是"以人为本"的城镇化，以提高人的幸福指数、促进人的全面发展为其出发点和落脚点，而且强调普惠性、公平性，改革并完善社会保障制度便是其题中之义。继党的十六大明确将"社会保障体系比较健全"①作为全面建设小康社会的目标之一，党的十七大将"覆盖城乡居民的社会保障体系基本建立，人人享有基本生活保障"作为"实现全面建设小康社会奋斗目标的新要求"②，党的十八大更是将"社会保障全民覆盖"③作为全面建设小康社会和深化改革开放目标的要求，党的十九大则直接强调"提高保障和改善民生水平"④。进一步完善社会保障制度对于保障民生、对于促进社会公平正义、对于维护社会稳定，都有着重要的现实意义。

继续完善义务教育制度，保障市民的受教育权。义务教育是对所有适龄儿童开展的基础性教育，具有公益性、强制性、普惠性特点，关乎国家和民族的未来，是国家必须予以保障的公益性事业。1986 年第六届全国人民代表大会第四次会议就通过了《中华人民共和国义务教育法》（以下简称《义务教育法》），1986 年 7 月 1 日起施行，2006 年和 2015 年又分别做了修正。该法规定，"义务教育是国家统一实施的所有适龄儿童、少年必须接受的教育，是国家必须予以保障的公益性事业。实施义务教育，不收学费、杂费。国家建立义务教育经费保障机制，保证义务教育制度实施"。现在要做的，一是努力扩大

① 《江泽民文选》第三卷，人民出版社 2006 年版，第 543 页。
② 《胡锦涛文选》第二卷，人民出版社 2016 年版，第 628、627 页。
③ 《胡锦涛文选》第三卷，人民出版社 2016 年版，第 626 页。
④ 习近平：《决胜全面建成小康社会 夺取新时代中国特色社会主义伟大胜利——在中国共产党第十九次全国代表大会上的报告》，人民出版社 2017 年版，第 44 页。

义务教育的"面"。根据《义务教育法》规定,每个适龄儿童都有接受义务教育的权利,2010 年《教育部关于贯彻落实科学发展观 进一步推进义务教育均衡发展的意见》(教基一〔2010〕1 号)、2015 年《国务院关于进一步完善城乡义务教育经费保障机制的通知》(国发〔2015〕67 号),其旨都在于进一步搞好义务教育,推动义务教育均衡发展。2014 年出台的《国家新型城镇化规划(2014—2020 年)》规定"推进农业转移人口享有城镇基本公共服务""保障随迁子女平等享有受教育权利"。2016 年 2 月,《国务院关于深入推进新型城镇化建设的若干意见》(国发〔2016〕8 号)更明确要求"推进城镇基本公共服务常住人口全覆盖"。因此,我们一方面要加大对中西部和边远地区尤其是贫困地区的公共教育投入力度,改善力量薄弱学校的办学条件,另一方面要完善城乡义务教育经费保障机制,实现城镇义务教育公共服务常住人口全覆盖并全面实现"两免一补"("对城乡义务教育学生免除学杂费、免费提供教科书,对家庭经济困难寄宿生补助生活费")政策,确保适龄儿童不因家庭经济困难而辍学,努力消除辍学现象,从家庭到学校到政府到社会,共同为祖国的希望、民族的未来健康成长成才担起责任,努力做到李克强 2017 年政府工作报告所说的:"我们要发展人民满意的教育,以教育现代化支撑国家现代化,使更多孩子成就梦想、更多家庭实现希望。"[1]二是要努力提高义务教育的"质"。2017 年的《政府工作报告》中还提出要"办好公平优质教育""持续改善薄弱学校办学条件,扩大优质教育资源覆盖面,不断缩小城乡、区域、校际办学差距"[2]。现实工作中,应当建立国家义务教育基本标准和监测制度,严格执行义务教育国家课程标准、教师资格标准,注意对农村地区、偏远地区、贫困地区体现政策倾斜,加大这些地区学校的硬件投入,改善这些地区中小学办学条

---

① 李克强:《政府工作报告——2017 年 3 月 5 日在第十二届全国人民代表大会第五次会议上》,人民出版社 2017 年版,第 33 页。

② 李克强:《政府工作报告——2017 年 3 月 5 日在第十二届全国人民代表大会第五次会议上》,人民出版社 2017 年版,第 33 页。

件,落实甚至提高这些地区教师的待遇,让这些地区的教师们能够安心教学,建立城与乡、发达地区与落后地区、办学条件好与不好的学校之间的结对帮扶机制,加强对教师的业务培训,让学生于无形中受惠,普遍提高义务教育质量。三是努力延长义务教育的"期"。百年大计,教育为本。现阶段,我国市民接受义务教育的平均年限相对于西方发达国家还有相当差距。随着国家"硬实力"的不断增强,随着我国经济社会的不断进步,我们有必要不断缩小我国和西方发达国家之间的这个差距,在目前全面普及九年制义务教育的基础上增加义务教育的年限,努力将学前教育、高中教育甚至高等教育纳入"义务教育"的范畴,切实提高国民的文化素质。目前西藏、内蒙古、陕西、新疆等一些省区的一些地方已经将高中纳入义务教育,期待不久的将来,学前教育、高中教育能够进入"义务教育"的框架体系,高等教育能从大众化走向普及化。

进一步完善基本医疗保险制度,保障市民的健康权。健康是人人的基本需求。继 1998 年国务院颁布《关于建立城镇职工基本医疗保险制度的决定》后,2016 年国务院又印发《关于整合城乡居民基本医疗保险制度的意见》,打破了医疗保障"二元失衡"与"三维分立",提出了"六统一"(统一覆盖范围、统一筹资政策、统一保障待遇、统一医保目录、统一定点管理、统一基金管理)的政策整合要求,党的十九大报告更是要求"完善统一的城乡居民基本医疗保险制度和大病保险制度",不但指明了要在全国范围内整合城乡居民医疗保险制度的方向,还提出了城乡居民同享一个医保制度。就当下而言,具体需要:一是制定完备的与基本医疗保险相关的法律和政策。尽管近年来我国城乡居民的基本医保工作日益受到重视,但毕竟有些理念和工作(比如城乡融合发展)尚处于试点阶段,许多措施和制度还不够健全不够完善,城乡居民基本医保工作的开展缺乏必要的法律保障,国家层面应制定统一的《城乡居民基本医疗保障法》并以此为依据制定相应的配套政策和实施办法。鉴于我国尚处于社会主义初级阶段,在具体政策的设计上必须考虑各方承受能力,促进多渠道筹集、低水平缴费、多样化保障、便捷化服务。二是建立跨区域医保联网制度。随着城镇化的推进，人们跨区域流动逐渐成为常态，因此应实现跨区域医保联网，解决异地转诊、就医困难的问题，由于各地经济发展水平不一，各地医疗消费水平差异不小，医保政策不尽相同，异地就医更是麻烦，国家社会保障及相关部门应尽快完善医保制度，使之统一、规范、科学，并逐步实现省（市）内联网—省际联网—全国联网，实现城乡居民"出门携带医保卡，大病小病都不怕"。三是实行基层首诊制度。城市的社区、农村的乡镇是城乡居民基本卫生服务的最近之处，实行基层首诊制度不仅可以方便人们就医，还可使患者分流，合理使用医疗资源。通过实行基层首诊制度调整城乡医疗卫生服务，鼓励二级以上的医院、社会力量出资兴办社区和乡镇卫生服务机构，建立社区（乡镇）卫生服务中心，甚至建立"家庭医生"网络，提供基础的医疗卫生服务，降低人们的就医成本，提高医疗效率，不断满足人民群众日益增长的医疗卫生服务需求，提高人民健康水平。

进一步完善基本养老保险制度，消除市民的后顾之忧。中国是世界上人口最多的国家，而且正面临着人口老龄化的巨大挑战，资料显示，在 2000 年时，我国 60 岁及以上人口占总人口的 7%，标志着我国进入了老龄型社会；2012 年，这个比例达到 14.3%，意味着我国已经处于快速老龄化阶段。进一步完善养老保险制度，在今天有着深刻的现实意义。虽然国务院 1997 年已颁布《关于建立统一的企业职工基本养老保险制度的决定》、2005 年再发布《关于完善企业职工基本养老保险制度的决定》，2009 年又印发《关于开展新型农村社会养老保险试点的指导意见》，自此我国开始实施城乡居民养老保险，2014 年人力资源社会保障部、财政部又联合印发《城乡养老保险制度衔接暂行办法》（人社部发〔2014〕17 号），如今城乡基本养老保险的制度已经基本全覆盖，但是客观地说，我们的养老保险制度还有不小的完善空间。一是建立城乡基本养老保险并轨制度。虽然现在城乡居民都有了养老保险，但我们毕竟是发展中国家，城乡发展、区域发展不平衡造成城乡居民（甚至不同区域的居民）其养老保险的含金量差距悬殊，今后的工作就是要促进城乡养老保险的公平性,使之逐渐趋于平衡。二是强化基本养老保险统筹制度。应推进政府机关和事业单位养老保险并轨衔接,应尽快建立完善农村的养老保险制度,应逐步推进养老保险从省级统筹走向全国统筹,在更大范围内实现互助共济,在更大范围内实现资源的有效配置;应建立多层次多支柱的养老保险体系,提高参保人员对自己从事工作和职业的责任心和忠诚度,推动养老保险制度走向成熟,分担社会、企业和个人的社会保障负担。三是实现城乡基本养老保险有效激励制度。直面现实,必须考虑基本养老保险的可持续发展。一方面,科学设定基本养老保险缴费档次;另一方面,在参保人员自由选择的前提下加强政府财政的补贴力度,实行多缴多得、长缴多得,确保缴费档次与补贴力度成正相关关系,激发居民的参保热情,鼓励参保人员尽其所能多缴早缴。

二、进一步完善相关体制,为新型城镇化 增强发展后劲

推动新型城镇化健康发展,不仅要进一步改革户籍、土地、基本公共服务、基本社会保障等制度,还需要进一步完善与之相关的体制,尤其是社会治理体制、财税体制和就业制度。

(一)进一步完善社会治理体制,为新型城镇化汇聚力量

2013年,党的十八届三中全会通过《中共中央关于全面深化改革若干重大问题的决定》,明确指出:"创新社会治理,必须着眼于维护最广大人民根本利益,最大限度增加和谐因素,增强社会发展活力,提高社会治理水平,全面推进平安中国建设,维护国家安全,确保人民安居乐业、社会安定有序。"2015年《中共中央关于制定国民经济和社会发展第十三个五年规划的建议》更是要求"加强和创新社会治理。……推进社会治理精细化,构建全民共建共享的社会治理格局";党的十九大报告再次强调"加强和创新社会治理""形成有效

的社会治理"，并且要求到 2035 年"现代社会治理格局基本形成，社会充满活力又和谐有序"。这些年来，在社会治理体制方面我国也已做了一些尝试，积累了一定经验，但是必须承认还做得不够，还存在问题，还有因循传统城镇化的旧思路、旧做法，还没有做好迎接和推动新型城镇化的准备，还没能为新型城镇化提供充足的新动力，还有许多工作需要去做。

完善现行设"市"标准。长期以来，一些小城镇虽然人口已达中等城市规模却因为是"镇"非"市"得不到相应的政策支持，为适应城镇化的发展，应借鉴国际经验，结合我国国情，研究设计符合新型城镇化要求的"城市"标准，针对目前存在的"城市县""镇级市"等现象，通过行政体制改革为城镇化建设、也为这些特大型小城镇建设松绑，将其培育成中小城市，使其能够享受到它们应该享受的政策，增强它们的发展活力。

加强政府的引导功能。"城镇化"不仅要做强大中城市，还要做强中小城镇。然而目前农村城镇与大中城市的经济社会发展水平和市场化水平差距明显，如果完全听凭"嫌贫爱富"的市场调节，农村城镇不仅不能吸引来城市发展要素，其自身的发展要素都可能被城市吸引走，因此要发展小城镇、推动城镇化全面协调可持续发展，必须政府发力，必须发挥政府的引导作用。

持续简政放权、优化服务。随着社会的不断进步，传统的"社会管理"逐渐被"社会治理"取代。"社会治理"与"社会管理"的最大不同，就是主张政府简政放权，强调多元化主体责任共担、建立合作互动关系。在"社会治理"的格局下，实现了多方良性互动，社会各方形成了新型的"伙伴"关系，其结果，政府不仅可以为其他治理主体提供更多的空间和机会，充分发挥企事业单位、社会组织以及公民的积极性和能动性，最大限度地调动各方面的积极性，寻求"最大公约数"，而且毫无悬念地为自己减了"负"，使自己可以集中精力把自己的分内工作（服务、监督）做得更好，当好"指挥员""调度员""裁判员"，更好地协调各方，实现城乡各类区域的治理资源整合和精细化管理，打造共建共治共享的社会治理格局。

（二）进一步完善财税体制，为新型城镇化松绑减负

推进新型城镇化，不仅要解决人的问题、土地问题，也要解决好钱的问题，财政保障问题是老生常谈但又不能不说，必须探索城镇化多种投融资模式，必须适当强化地方政府的财权财力，必须进一步完善财税体制。

完善转移支付制度。进一步完善中央政府和省级政府的转移支付体系，建立财政转移支付同农业人口市民化挂钩机制、农业人口市民化成本分担机制（一些城市政府不愿意接纳农民工落户，其主要原因就是不愿意承担农民工落户后的公共服务支出成本），明确人口输入方与输出方的财政负担，改革和调整财税体制和政策，使财权与事权相对称，各级财政以常住人口而非户籍人口作为财政分成和转移支付的依据，城镇税收也随城镇人口增加而增长，以此支持吸纳农业转移人口较多的城镇，破解不同区域间的社保倒挂难题，增强其公共产品提供能力，帮助其不断完善公共服务，夯实城镇发展的基础，推动城镇化步伐更加稳健。

探索城镇化多种投融资模式。新型城镇化有两大基本问题必须解决——人往哪里去？钱从哪里来？城镇化需要大量的投资——根据中国社会科学院的研究，目前我国农业市民化的人均公共成本（政府为保障农业人口市民化而在公共服务、社会保障、基础设施新扩建等方面所需增加的人均财政支出）约为13万元，2030年前还将有近4亿农民要实现市民化，很显然，如此庞大的资金需求，仅靠政府的有限财政满足不了、难以为继，必须发动社会各方面的力量参与，必须多渠道筹集城镇化发展资金，必须创新投融资体制机制，鼓励社会资本通过特许经营等方式参与城镇基础设施投资和运营，努力形成多元化、市场化的可持续发展的基础设施和公共服务投入及运营机制，为城镇化发展提供稳定、可持续的资金担保，共同推动城镇化稳步前行。

适当强化地方政府的财权财力。城镇化过程中，地方政府作为城镇化

建设的主体,承担着提供城镇化过程中绝大部分城镇基础设施和公共服务(产品)的任务,随着城镇化快速发展,大量农业人口正在转入或即将转入城镇,城镇基础设施的投资需求正在而且必将持续增加,地方政府容易陷入"心有余而力不足"的处境,影响城镇化的顺利推进。推进新型城镇化,应当按照财力与事权相匹配的原则,适当强化地方政府的财权财力,帮助基层政府逐步摆脱"吃饭财政"的窘境,增强地方政府履行公共服务职责的能力。

(三)进一步完善就业制度,为新型城镇化增添活力

城乡居民历来将"工作"形象地比喻为"饭碗""活路",人们有更好的"饭碗"、更好的"活路",新型城镇化才有价值,因此进一步完善就业制度不仅重要而且必要。

建立职业技能培训制度。以政府购买服务的方式,鼓励各类职业院校和培训机构开展技术培训,对包括进城务工人员在内的所有居民敞开大门,以给予职业技能鉴定补贴等方式鼓励他们尤其是青壮年们获取相关职业资格证书或相关职业能力证书,为他们找到工作或找到更好的工作奠定坚实的基础,客观上也为各企业各单位向社会提供更好的产品、更好的服务奠定基础。

改革劳动用工制度。建立城乡统一的劳动力市场,就业信息对全社会公开,就业岗位对全社会开放,同工同酬,竞争上岗,取消对进城务工者创业就业的各种歧视性规定,实行平等的用工政策。

创新就业服务制度。建立覆盖城乡的就业服务体系,各级财政设立专项资金扶持包括进城务工人员在内的城镇居民就业、创业,并为其提供人性化的就业服务,加强劳动保障监察、劳动争议调解仲裁,加强对劳动者的法律援助,健全劳动用工及劳动者保护等方面的权益保障制度。

三、进一步完善相关机制，为新型城镇化 激发潜在动能

所谓机制，即各要素之间的结构关系和运行方式。新型城镇化要想"化"得科学、"化"得顺利，必须进一步完善相关机制。

（一）进一步完善协作机制推动新型城镇化

要使城镇化建设事半功倍，避免行动"单兵种突击"和成效"碎片化"，建立完善协作机制势在必行。

建立完善城市之间协作机制。当前，我国的城镇化建设，东部、中部和西部水平明显不同，即使是在同一省份、同一区域，大中小城市和小城镇发展明显不协调，应当做好顶层设计，以开放理念拓展区域协作空间，统筹利用好全国范围内的资源和市场，加强强强协作、强弱协作、大小协作，相互支撑，相互借力，错位发展，形成良性互动，带来"多赢"的效果，推动新型城镇化建设。

建立完善城乡协作机制。新型城镇化不仅仅是建设城镇，还必须关照乡村的发展，《国务院关于深入推进新型城镇化建设的若干意见》（国发〔2016〕8号）明确要求要"辐射带动新农村建设"，城乡之于社会犹如鸟之双翼缺一不可，新型城镇化建设中城乡不是对立关系，必须加强彼此协作，以政府形式鼓励乡村为城镇的发展提供必要的资源，同时要求城镇反哺乡村，将发展所得的资金和技术更多地用于乡村发展改革，带动乡村更好地进步发展，确保城镇乡村实现"共赢"，确保城镇化可以持续。

建立完善城镇内部协作机制。在城镇化建设中，还应强化城镇建设的统筹协调，出台相关配套政策，促进城镇内部规划编制、产业布局、基础设施、公共服务、生态环保等各方面、各部门分工协作、精诚合作，形成联动，进一步激发城镇化发展的动力和活力，推动城镇化科学发展、高效发展。

（二）进一步完善激励机制助力新型城镇化

善用激励机制是一个古老而永恒的方略，但凡要激发内力、促人行动，都需要设计有效的激励机制。新型城镇化建设也不例外。

完善对政府的激励机制。《中华人民共和国宪法》规定："地方各级人民政府实行省长、市长、县长、区长、乡长、镇长负责制。""各级党委和政府的'一把手'，不是简单的自然人，在很大程度上是党委和政府的人格化代表"①。政府及其人员自然有追求自身利益甚至让自身利益最大化的倾向，需要有机制对其予以引导、施以影响，激励就是一种很好的导向。比如按照《国务院关于深入推进新型城镇化建设的若干意见》精神，"实施财政转移支付同农业转移人口市民化挂钩政策，实施城镇建设用地增加规模与吸纳农业转移人口落户数量挂钩政策，中央预算内投资安排向吸纳农业转移人口落户数量较多的城镇倾斜"，各级人民政府一定会出台相应政策，尽可能接纳农业转移人口落户；比如加大对特色城镇的表彰奖励力度，便可有效激励下级政府建设特色化、个性化城镇；比如将生态保护纳入政府的重要工作，政府便会自觉调整发展方式，用法规和政策规范各方行为，增加绿色 GDP 的比重。

完善对其他组织的激励机制。激励不能仅仅由政府独享，企事业单位和其他组织都离不开激励的引导。学习哲学可以知道：外因是变化的条件，内因是变化的根据，外因通过内因起作用。新型城镇化是一个系统工程，需要各方发力，需要调动发力各方的主观能动性，科学激励正是强劲的助推器。比如通过强化正负激励可以有效规范企事业单位和其他组织的行为，包括招工、用工、安保、市民教育引导、生态环境保护、良好社会风尚的培育等。

完善对居民的激励机制。新型城镇化的核心是人的城镇化，由于人的行为都是趋利避害的结果，因此引导人们成为新型城镇的新市民必须建立和完

---

① 习近平：《之江新语》，浙江人民出版社 2007 年版，第 23 页。

善相关机制。一是建立完善引人"向善"的机制。恩格斯早就指出:"人来源于动物界这一事实已经决定人永远不能完全摆脱兽性,所以问题永远只能在于摆脱得多些或少些,在于兽性或人性的程度上的差异。"①哲学家也说,每个人的内心深处,都既有天使的美德,也有魔鬼的邪恶。我们的工作就是建立引人向善的社会机制,为好人"撑腰壮胆"、鼓励打气,促进人们认可善、赞美善、学习善、模仿善,帮助人们不断摆脱兽性、更多释放善性,保障人们做好事当好人,为"好人"的成长培育良田沃土。二是建立完善引人"文明"的机制。以机制之力让文明之人风风光光,让不文明的人羞愧自省,不断培养新型城镇中的新型市民的文明意识,鼓励其养成文明言行的自觉和习惯,在城镇全域创建营造文明氛围,让"文明"成为新型城镇的人文"风景"。三是建立完善引人"进取"的机制。鼓励人们不断努力、不断进步,有所作为,以各种方式奖励自立自强的行动者,不姑息凡事"等、靠、要"、习惯于当"伸手派"的懒人,让进取的人得利好,让懒惰之人(有能力而不为者)少福利,引导人们"宁愿苦干,不愿苦熬",营建一种教人向上、催人奋进的良好社会风气。

(三)进一步完善政绩考核机制护航新型城镇化

干好任何工作,正确的政绩考核机制都是必不可少的保障——它是人们开展工作的"指挥棒"。前些年的传统城镇化走偏,与政绩考核机制存在问题不无关系,要从根本上推动新型城镇化健康发展、科学发展,必须进一步完善政绩考核机制,有正确的政绩观领航,城镇化才不会走偏。2013年,中组部印发《关于改进地方党政领导班子和领导干部政绩考核工作的通知》(中组发〔2013〕22号)要求以科学发展观的标准评价政绩、推动工作,可以说,此工作已经起步正在路上。

考核政绩不唯数字,要看实绩。毫无疑问,新型城镇化需要大干快上,需

---

① 《马克思恩格斯文集》第9卷,人民出版社2009年版,第106页。

要加速发展,但是不能走极端,不能唯数字,前些年传统城镇化过于注重发展的速度和规模,片面追求城区土地的扩张和人口的增长,忽视了城镇化发展的质量和效益,一方面造成个别地方不管客观实际、不顾客观条件、不循自然规律,打着推进城镇化的旗号大拆大建,盲目扩城,盲目"改造"旧城,盲目建设新城新区,盲目驱赶农民"上楼",这种现象看起来很"美"很"摩登",但其实是简单粗暴的行为。理想虽然丰满,现实却很"骨感"。由于没有产业支撑,缺乏公共资源和配套设施,不能形成城镇本身的内在良性循环,其结果是个别地方自然的城镇化过程变成农民"被落户""被上楼""被城镇化"的过程;另一方面还形成弄虚作假的不良风气:一些地方为了相互攀比、此行彼效地调整统计口径,人为推高城镇化率数字,这种乱象不仅败坏政风也影响民风。城镇建设并不需要贪大求洋,重要的是因地制宜,造福于民。推动城镇化健康发展、持续发展,考核领导班子和干部政绩就不能只看发展数字,应该更注重实绩实效、考核其"必修课",引导领导干部从单纯追求表面的经济增长速度转化为重视发展内涵,从注重"政绩工程"转变为"不忘初心""普惠民生",从而克服工作中的形式主义、官僚主义,自觉实事求是,自觉真抓实干,自觉造福于民,推动新型城镇化落地落实。

考核政绩不唯 GDP,要看综合。2014 年 3 月公布的《国家新型城镇化规划(2014—2020)》明确提出"建立生态文明考核评价机制。……对限制开发区域和生态脆弱的国家扶贫开发工作重点县取消地区生产总值考核",这是一个历史性的进步。毋庸置疑,中国经济过去四十年的高速成长,一个不可忽视的因素便是地方官员受到了极大的激励,而激励官员们的重要指挥棒就是GDP。发展固然需要 GDP,但是若将 GDP 奉为唯一,这种考核指向便存在问题。新型城镇化不是单纯的经济工作,需要在生产方式、生活方式、思维方式、思想观念等方面实现变革,政府及其部门不仅要狠抓经济、为城镇化建设夯实基础,还需要重视农村人口城镇化率和土地的空间利用率,推动人的城镇化与物的城镇化协同发展,还需要加强公共服务、加强社会保障,改善民生,更加重视教育、就业、医疗、社保等,让农村居民"出得来""回得去""留得下""过得好",还需要在建设城镇化的同时推进农村现代化——即推动城乡融合发展,提高城乡居民的各种素质,还需要重视进城农民的"心灵安置",需要帮助城乡居民"有底线""有尊严""全面发展",活得更精彩、活得更幸福。考核领导班子和领导干部政绩应当将城镇化建设中人的需要为出发点,以推动科学发展为落脚点,综合考察领导干部的履职能力和履职效果,不能"一把尺子量到底",应该"多架马车牵着跑"。

考核政绩不唯当下,要看长远。所谓"政绩",顾名思义就是为政的业绩,为党尽责、为民造福的成绩、贡献。十年树木、百年树人,有些事情短期内不能看到回报但却是党政必须要做的事情,考核政绩不能只看一时一事,科学的政绩考核机制应当注重短中长期相结合,既要看现实成绩也要看长远影响,应当以科学发展观为指引,将经济发展、环境保护、民生改善、文化传承、社会进步、公序良俗培养、人的全面发展等纳入考核指标,作为考核班子和干部政绩、考虑干部升迁的重要依据,引导领导干部有作为善作为,在发展中尊重自然、尊重规律,赋予各级党政充分的工作自主权,以利于各地党政及领导干部统筹全方位工作,促一方发展,保一方平安,全面协调可持续地推动新型城镇化进程。

参 考 文 献

[1]《习近平谈治国理政》第一卷,外文出版社 2018 年版。

[2]《习近平谈治国理政》第二卷,外文出版社 2017 年版。

[3]《国家新型城镇化规划(2014—2020 年)》,人民出版社 2014 年版。

[4]李华兴、吴嘉勋编:《梁启超选集》,上海人民出版社 1984 年版。

[5]费孝通:《乡土中国》,人民出版社 2015 年版。

[6]金光熙:《朴正熙与韩国的现代化》,黑龙江朝鲜民族出版社 2007 年版。

[7]刘传江、郑凌云等:《城镇化与城乡可持续发展》,科学出版社 2004 年版。

[8]杨家栋、秦兴方、单宜虎:《农村城镇化与生态安全》,社会科学文献出版社 2005 年版。

[9]纪晓岚:《论城市本质》,中国社会科学出版社 2002 年版。

[10]刘平量、曾赛丰:《城市化:制度创新与道路选择》,湖南人民出版社 2006 年版。

[11]骆玲、唐永进、张红宇等:《城市化与农民》,西南交通大学出版社 2006 年版。

[12]范周主编:《新型城镇化与文化发展研究报告》,光明日报出版社 2014 年版。

[13]陈弱水:《公共意识与中国文化》,新星出版社 2006 年版。

[14]吕拉昌、黄茹编著:《世界大都市的文化与发展》,华南理工大学出版社 2013 年版。

[15]屠启宇主编:《国际城市发展报告(2012)》,社会科学文献出版社 2012 年版。

[16]谢隆岗、李慧编著:《畅游瑞士》,中国轻工业出版社 2015 年版。

[17]杜建人编著:《日本城市研究》,上海交通大学出版社 1996 年版。

[18]"城乡统筹视野下城乡规划的改革研究"课题组:《走向整合的城乡规划——

城乡统筹视野下城乡规划的改革研究》,中国建筑工业出版社 2013 年版。

[19]陈德成主编:《中东政治现代化——理论与历史经验的探索》,社会科学文献出版社 2000 年版。

[20]车效梅:《全球化与中东城市发展研究》,人民出版社 2013 年版。

[21]杨光主编:《中东发展报告 NO.14(2011—2012)——中东政局动荡的原因和影响》,社会科学文献出版社 2012 年版。

[22]孙群郎:《美国城市郊区化研究》,商务印书馆 2005 年版。

[23]王旭等:《美国城市经纬》,清华大学出版社 2008 年版。

[24]李东燕编著:《联合国》,社会科学文献出版社 2005 年版。

[25]周晓风、张全之、袁盛勇主编:《区域文化与文学研究集刊》第 4 辑,中国社会科学出版社 2016 年版。

[26]吴天弃、王炫文:《梦断黄沙——平遥》,中国工人出版社 2004 年版。

[27]禹贡等:《旅游景区景点经营案例解析》,旅游教育出版社 2007 年版。

[28]邹统钎主编:《古城、古镇与古村旅游开发经典案例》,旅游教育出版社 2005 年版。

[29]左琰、安延清:《上海弄堂工厂的死与生》,上海科技大学出版社 2012 年版。

[30]苏秉公编:《城市的复活——全球范围内旧城区的更新与再生》,文汇出版社 2011 年版。

[31]刘泓、袁勇麟主编:《文化创意产业十五讲》,四川大学出版社 2012 年版。

[32]樊纲、马蔚华主编:《低碳城市在行动:政策与实践》,中国经济出版社 2011 年版。

[33]聂亚珍、杨成刚:《资源枯竭型城市永续发展战略》,光明日报出版社 2014 年版。

[34]舒韶雄等:《黄石矿冶工业遗产研究》,湖北人民出版社 2012 年版。

[35]王亚男:《1900—1949 年北京的城市规划与建设研究》,东南大学出版社 2008 年版。

[36]中国人民政治协商会议全国委员会文史和学习委员会编:《文史资料选辑合订本》第 131 辑,中国文史出版社 2011 年版。

[37]何一民主编:《革新与再造:新中国建立初期城市发展与社会转型(1949—1957)》,四川大学出版社 2012 年版。

[38]张鸿雁、李强主编:《中国城市评论》第 3 辑,南京大学出版社 2006 年版。

[39]冯菲斐:《旧城谋划》,中国建筑工业出版社 2014 年版。

［40］周岚：《历史文化名城的积极保护和整体创造》,科学出版社 2010 年版。

［41］何一民主编：《成都学概论》,巴蜀书社 2010 年版。

［42］章夫、傅尔济吉特氏·哈伦娜格：《少城：一座三千年城池的人文胎记》,四川文艺出版社 2008 年版。

［43］张松、王骏编：《我们的遗产·我们的未来——关于城市遗产保护的探索与思考》,同济大学出版社 2008 年版。

［44］刘伯英等：《美丽中国·宽窄梦——成都宽窄巷子历史文化保护区的复兴》,中国建筑工业出版社 2014 年版。

［45］中共黄石市委宣传部编印：《五彩黄石》,2010 年。

［46］［美］阿历克斯·英格尔斯等：《人的现代化》,殷陆君编译,四川人民出版社 1986 年版。

［47］［美］布赖恩·贝利：《比较城市化——20 世纪的不同道路》,顾朝林等译,商务印书馆 2008 年版。

［48］［英］埃比尼泽·霍华德：《明日的田园城市》,金经元译,商务印书馆 2014 年版。

［49］［美］刘易斯·芒福德：《城市发展史——起源、演变和前景》,倪文彦、宋俊岭译,中国建筑工业出版社 1989 年版。

［50］［法］H.孟德拉斯：《农民的终结》,李培林译,中国社会科学出版社 1991 年版。

［51］［美］迈克尔·C.迈耶、威廉·H.毕兹利编：《墨西哥史》,复旦人译,东方出版中心 2012 年版。

［52］［韩］朴振焕：《韩国新村运动：20 世纪 70 年代韩国农村现代化之路》,潘伟光等译,中国农业出版社 2005 年版。

［53］［英］安东尼·滕：《世界伟大城市的保护：历史大都会的毁灭与重建》,郝笑丛译,清华大学出版社 2014 年版。

后　记

　　关注现实、关注社会、关注发展,并奉献自己的思考,是学者应有的责任和担当。在这些年汹涌澎湃的城镇化大潮中,在感受城镇化带来的种种"红利"的同时,文化缺位带来的城镇"病"也不时带给我们精神、心灵痛楚,所以,对城镇化的文化问题的思考应该说由来已久。如今,距2014年国家发布《国家新型城镇化规划(2014—2020年)》已经整整6年,出版本书,希望引发读者共鸣,从而让文化之光将城镇化征途照得更亮,推动城镇化"化"得更顺。

　　在本书的写作过程中,我公开发表了《培育社会主义核心价值观"四忌"》《"中国梦"的道德支撑研究》《"文化自信"语境下的传统节日文化弘扬研究》《扶贫扶文化治"本"除穷根》《传承优秀传统文化须做到"四要"》等相关论文,撰写研究报告《用重庆文化装点轨道站点的五项建议》《以"文化+"推动重庆乡村振兴的几点建议》,并分别于2017年5月、2018年8月获得省部级领导肯定性批示。它们为本书的完成奠定了比较坚实的基础。

　　最后,我特别想说的是"感谢"——感谢家人在我写作期间给予我的各种支持,感谢项目组成员给我提出的宝贵意见建议,感谢单位同事热心提供各种帮助,尤其感谢中共重庆市委党校张晖博士不吝挥毫写作国内外相关案例!
付梓之际,我由衷地向他们表示深深的、诚挚的谢意。

陈晓莉

2021 年 1 月 16 日

责任编辑：吴广庆
封面设计：石笑梦
版式设计：胡欣欣
责任校对：黄常委

图书在版编目（CIP）数据

新型城镇化的文化支撑研究/陈晓莉 著．—北京：人民出版社，2021.10
ISBN 978－7－01－022995－9

Ⅰ.①新…　Ⅱ.①陈…　Ⅲ.①城市文化-文化研究-中国　Ⅳ.①C912.81

中国版本图书馆 CIP 数据核字（2020）第 273042 号

新型城镇化的文化支撑研究
XINXING CHENGZHENHUA DE WENHUA ZHICHENG YANJIU

陈晓莉　著

人民出版社 出版发行
（100706　北京市东城区隆福寺街 99 号）

中煤（北京）印务有限公司印刷　新华书店经销

2021 年 10 月第 1 版　2021 年 10 月北京第 1 次印刷
开本：710 毫米×1000 毫米 1/16　印张：13.75
字数：205 千字

ISBN 978－7－01－022995－9　定价：58.00 元

邮购地址 100706　北京市东城区隆福寺街 99 号
人民东方图书销售中心　电话（010）65250042　65289539